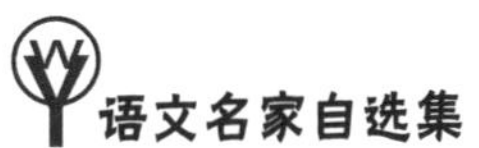

语文教学探新

王尚文 著

创于1897 商务印书馆
The Commercial Press

图书在版编目（CIP）数据

语文教学探新 / 王尚文著．—北京：商务印书馆，2023
（语文名家自选集）
ISBN 978-7-100-22656-1

Ⅰ．①语…　Ⅱ．①王…　Ⅲ．①中学语文课—教学研究
Ⅳ．① G633.302

中国国家版本馆 CIP 数据核字（2023）第 121740 号

语文名家自选集
语文教学探新
王尚文　著

商　务　印　书　馆　出　版
（北京王府井大街 36 号　邮政编码 100710）
商　务　印　书　馆　发　行
北京艺辉伊航图文有限公司印刷
ISBN 978 - 7 - 100 - 22656 - 1

2023 年 8 月第 1 版　　开本 880 × 1230　1/32
2023 年 8 月北京第 1 次印刷　　印张 $8^{1}/_{4}$　插页 4

定价：48.00 元

本书作者王尚文

2006年，作者在浙师大与其所指导的研究生毕业合影。

2007年，作者在青海小学语文教师培训班讲课。

2009年，在浙师大举办“王尚文语文教育思想研讨会”，作者和部分与会者合影。

2017年，作者在浙师大的国际文化与教育学院做关于语文教师素养的讲座。

出版前言

本馆自1897年创立以来，始终肩负中国新教育出版重任，以“昌明教育，开启民智”为宗旨，先后编辑出版中小学各科教科书、教学参考书、工具书、教师用书等，分类编纂，精益求精，深受教育界同人欢迎。

新中国成立后，国家重视发展教育事业。中小学教改实验百花齐放，高等院校教学法、课程论研究百家争鸣，全国各地涌现出许多教学、科研带头人。他们居敬好学，躬身实践，著书立说，逐渐在教学界产生影响，得到认可，成名成家。为了反映和记录当代语文教学研究成果，也为了给青年教师提供可资学习借鉴的参考资料，我们策划了“语文名家自选集”和“语文名师自选集”两套丛书。“名师”因其“著名”，“名家”因其“自成一家”；名师是中青年居多，名家是中老年居多。无论名师名家，年轻年长，这两套丛书关注的主要是在以下方面有所建树的作者：一、对语文教学的民族性、科学性有自觉认识；二、教学方法或研究方法植根于中国优秀语文教学传统，符合中国语文的特点，既有传承又有创新，能够科学有效地提高学生的语文素养；

三、其教研成果具有较为广泛的影响力和积极的指导作用。

宋代学者程颢有言："古者自天子达于庶人，必须师友以成就其德业，故舜禹文武之圣，亦皆有所从学。"希望这两套丛书的编辑出版，能够激励广大语文教师读者求其师友，持志问学。欢迎中小学语文教学界的专家、学者、老师支持指导我们，共同把这两套丛书出好。

商务印书馆编辑部

2019年1月

目　录

前　　言

我这一辈子，简单、平凡。21岁前，读书；大学中文系毕业，在中师、中学教语文，1988年调至浙江师范大学教语文教学法。退休以来，尚继续在探究语文教育相关问题。概括起来，三三九个字：学语文，教语文，说语文。最感幸运的是，我的兴趣就在语文，职业与兴趣一致，因而乐此不疲，心无旁骛。退休时曾有朋友索诗，以《大江东去》应之：

> 井蛙临海，竟轻命，冲向天涯追日。万丈豪情，全不顾，水阔风高浪急。落月催眠，红暾教起，筚路多荆棘。鹧鸪多事，怨他啼唤朝夕。膏血只供青灯，讶容颜镜里，何时头白？大战风车，人笑我，常叹回风乏力。积稿如山，孤行终不悔，九天难及。管窥筐举，寸心红紫煌熠。

探新，原非我的初衷。当年我思考的出发点就是我们国家为什么要在基础教育阶段设置语文课程，因此我完全认同语文课程必须培养学生的语文能力这一根本宗旨。和人交往，自觉比较随和，但所说所写，为维护、阐释这一宗旨，则难免会有论辩，并时有尝试探新的冲动。“予岂好辩哉？予不得已也！”20世纪80年代还是工具论的天下，可我深信语言就是人本身，不能把语言看成工具，这不利于语文能力的培养。我于是在1989年写了《语文教改的第三浪潮》一书，认为自1949年以来，“语文教改曾有以片面强调政治性为基本特征的第一浪潮，和以片面强调工具性为基本特征的第二浪潮；为了深化语文教改、提高语文教学质量，应当掀起以突出人文性为基本特征的第三浪潮，把语文教学与年青一代的思想、情感、个性、心理等的成长发展有机地结合起来”。当时北京有一家出版社愿意出版此书，但要求改成“语文教学概论”之类的书名。我没有同意。何以故？我写此书的目的，就是为了在与工具论辩论的基础上提出人文说，而新书名则淡化了这一点。当时还有权威坚持人的语言能力是由理性的语文知识转化而来，我觉得这有违常识，当然也不利于语文能力的培养。——理性的语言知识有没有用？还要不要？当然有用，不能丢弃，但只起辅助作用。为了追寻人的语言能力究竟是怎么产生与发展的，我居然不知天高地厚，去探究人与语言的关系，人对语言的感知、理解和运用，于1993年写成《语感论》，周有光先生在序言中说这“是一本填补空白的著作”。我没有因此而自满自足，继续修改、充实，字数也由初版的不到20万，增至二版的35万多，连语感的定义也做了修改。我始终清醒地意识到我的《语感论》只不过是叶圣陶、吕叔湘两位前辈有关语感判断的一个较长的注脚而已。我一方面反对语文疏离人文，另一方面也反对以人文取代语文；主张人文观念和情感应有机地渗透于培养语文能力这一过程之中，犹如植物的光合作用必须在阳光下进行。渗透不是外加，更不是取代。

围绕语文课程的根本宗旨，我几乎一直没有停下脚步，几十年来从不同角度、不同方面写了若干文章和几本小册子，包括最近几年出版的《语文品质谈》和《漫话文学语言》。80岁左右，记忆力、思考力等都已断崖式下跌，为什么还要拼力写这两本书？因为多年以来，我总感到语感毕竟是一种感觉，在中小学语文教学实践中操作起来，可能多少会有一点“隔”，为此一直深感愧疚和不安。总在寻寻觅觅，期待能有新的发现。后来终于找到“语文品质”这个或许可以消除此“隔”的抓手，每天在电脑键盘的敲击声中蹒跚前行，以此聊慰平生。

商务印书馆李节编辑约我选编一本自选集，几经沟通，我决定把旧作中觉得至今对实现我们语文课程根本宗旨可能还有点现实意义的文章重新贡献出来。书题虽为“探新”，但于实现“根本宗旨”是否有益应当是高出于“新”“旧”等的标准。如《语文教学的错位现象》发表于30年前，的确旧了，但所说三个方面的错位现象，似乎至今在某些角落里仍可看到它们的尾巴或影子，也就选进来了。一般地说，新应胜过旧，求新似乎是必然趋势；但这里有一个前提，这就是所求之新比旧更加符合事物发展规律，不能只看表象，不问实质。有时一看实质，有的所谓新，实际上反而不如旧的有用有益。当年我对新的认知未必达到这个高度，只是告诫自己千万不能在某个问题上有了那么一点心得就自满自足，一定要在新的方面或新的层次继续不断努力探索。现在回头看看，几十年来虽自觉态度尚较认真，但真正有价值的成果却少之又少，惭愧之情自然涌上心头。聊可自慰的是，春夏秋冬，日日夜夜，由钢笔而电脑，总是不敢忘记培养学生语文能力这一语文课程的根本宗旨，久而久之，这也就成了自己一生所认定的意义所在，因而愧虽有之，悔则无也。

教了几十年语文，最深的体悟、最大的收获是我把自己教成了学生。本书其实是一份作业，恳请老师们不吝赐教！——本集所选文章都曾在相关书刊发表过，其中少数篇目在收录时个别语句有删改，谨此说明。最后，我要向在编选过程中给予帮助的杨更生、金晓涛两位致以诚挚的谢意。

王尚文

2022.3.16

语文教学的错位现象

长期以来，我国中小学语文课教学效果不理想，究其原因，虽有诸多外部因素，但语文教学本身普遍存在的一系列严重的错位现象却不能不说是病根之所在。

一、教学活动与教学目标的错位

语文教学的目标，大纲规定得清清楚楚：培养读、写、听、说的语言能力。语言能力是一个多侧面多层次的系统，我认为其中最基本最重要的核心因素是语感能力，舍此核心，语言能力无异于一具“僵尸”。叶圣陶曾指出：“文字语言的训练，我以为最要紧的是训练语感，就是对于语文的锐敏的感觉。”[①]吕叔湘也指出：“语文教学的首要任务是培养学生各方面的语感能力。”[②]但在实际的语文教学活动中，这“最要紧”的“首要任务”却往往被有意无意地摈弃一旁，只是一味地徘徊于语言能力的外围。

---

① 叶圣陶：《叶圣陶论创作》，上海文艺出版社1982年版，第163—164页。

② 刘连庚：《学习语法和培养语感——访吕叔湘先生》，《语文学习》1985年第1期，第54—55页。

马克思指出：“人不仅在思维中，而且以全部感觉在对象世界中肯定自己”，“对我说来任何一个对象的意义都以我的感觉所能感知的程度为限”。[①]语言当然也不例外，甚至比所有其他对象更加依赖于人的感觉。因为语言本身就产生于人们在实践活动中对客观事物的直感，而不是人们对语言所指称的对象的科学研究。例如，人们在生活中接触到了水，就约定俗成地称之为“水”，人们赋予“水”这个词的意义只能是他们关于水的直觉感受、直接经验，几乎和“H_2O”无涉。当然，人们后来对水从事科学研究的成果也会加深对水的认识，从而使“水”这个词的含义变得更加严密精确。但无可否认的事实是，在日常言语交际中，“水”的含义却往往仍然是以“感觉所及的程度为限”，而不是专家学者在字典词典中所写的科学定义。所以，萨丕尔曾指出语言本身“是千千万万个人的直觉的总结”[②]，人们在日常的言语实践中所依凭的只是他们的语感。语感是人与语言这一对象相适应的感觉，是人们直觉地感受、领悟、把握语言这一对象的一种能力、一种方式、一种结构。先有语言，然后才有语言学；而不是相反，根据语言学来创造语言、使用语言。如果理解句子、生成句子都要从理性的语言知识出发，每听、说一句话都要亦步亦趋地根据所用词语的理性含义和范畴以及有关的句法规则，别说中小学学生，就是语言学家也绝无可能。语文教学的“首要任务”不是

---

① ［德］卡尔·马克思：《1844年经济学—哲学手稿》，刘丕坤译，人民出版社1979年版，第79页。

② ［美］爱德华·萨丕尔：《语言论》，陆卓元译，陆志韦校，商务印书馆1985年版，第206页。

要通过语言知识的传授来让学生运用所学知识去进行说话写作，而在于培养语感，提高他们语感的素质，这才是“最要紧”的。

现代神经语言学业已初步揭示了言语过程的脑机制。尽管语言知识只是许多认知系统中的一种，尽管习得语言与习得一般知识的智力及能力有关，但是语言却独具一格，与其他认知系统存在质的区别，具有独特的不同于支配其他认知系统的原则和规律。语言有语言的“理”，并不等同于一般认识的理、逻辑的理。语言的声音、文字的形体和意义之间就没有直接的必然的联系，“白”既不白，“圆”也不圆，思维规律并不能取代语言规律。“养花”合理，“养病”也对；“晒太阳”可以，“晒衣服”也没错；表示程度的“十二万分”差不多等于“十分”，那十一万九千九百九十分对于语言来说几乎等于零；“读书声”可以说成“书声”，其实书本无声，其声来自读，但语言却只接纳“书声”，而不承认更合逻辑的“读声”。民间故事中那位傻女婿，别人吩咐他去给岳父拜寿时说话要多带个“寿”字，如“寿桃”“寿面”“寿烛”“寿糕”等，他不但记住了，还从中概括出一条规律并推而广之，称岳父的头、脑为“寿头”“寿脑”，衣服为“寿衣”，看见一个木匣子也称之为“寿木寿材”，闹了笑话。从逻辑的角度看，他并不傻，而且相当聪明；他的傻是傻在以逻辑的理去取代语言的理。

我们汉语言，正如黎锦熙所说：“国语底用词组句，偏重心理，略于形式”[①]；也正如王力所说：“西洋的语言是法治的，中国

① 转引自申小龙：《中国语言的结构与人文精神》，光明日报出版社1988年版，第58页。

的语言是人治的”[①]。这样，就更不能完全依赖有关“形式”的知识，更不能以治其“法”为万灵仙丹，必须特别重视言语主体的心理因素，主要就是语感。德国著名语言学家洪堡特也认为汉语使用者必须有较多的精神操作，他说：“在汉语的句子里，每个词排在那里，要你斟酌，要你从各种不同的关系去考虑，然后才能往下读。”[②]外国人在学习汉语的过程中阅读汉语著作，才要这样去“斟酌”“考虑”，汉族学本族语由于语感的作用一般就可省去这样的步骤，否则效率之低就简直难以想象了。语感是一种无意识的知识，又是一种不自觉的能力，是一部活的词典和活的语法，是一个读、写、听、说功能齐全的语言“电脑”，是左右读、写、听、说等言语活动的质量和效率的杠杆，在所有的语言活动中都起关键作用而不可须臾或缺。语感是个体的人与外部语言世界的直接联系，如果切断了这种联系，就等于失却了语言这一工具，人也就不成其为人了。语文教学要培养学生的语言能力，才能真正对准语言能力这个目标。如果想当然地认为理性的语言知识可以直接转化为语言能力，一厢情愿地要求学生光是凭靠课堂上学得的语言知识来从事读、写、听、说等言语活动，实际上无异于邯郸学步。

语感由言语对象转化而来，马克思指出：“人的感觉，感觉的人类性——都只是由于相应的对象的存在，由于存在着人化了

① 转引自申小龙：《中国语言的结构与人文精神》，光明日报出版社1988年版，第58页。

② 同上。

的自然界，才产生出来的。”[1]主观的语感源于客观的言语，主客观的言语对象对人的语言器官长期雕琢的结果，是人的语言器官长期感受言语对象不断积淀的结晶，是言语这一对象在人身上对象化的实现。这一过程，既是言语作为客体在人身上实现主体化的过程，也是作为主体的人在言语这一客体中实现客体化的过程。人在这一过程中通过同化、顺应等方式和言语对象相互作用，言语对象作用于人的感官，激活了人的语感，语感在同化言语对象的同时，又总是为其同化的言语对象引起变异以顺应言语对象，最后达到相对平衡。语感具有主观性，言语对象则具有客观性，同化是客观性向主观性的转化，顺应则是主观性向客观性的转化。离开顺应，同化就会成为主观性对言语对象的歪曲，如《红楼梦》中那个老妈子把宝玉所说的“要紧”听成“跳井”，《药》中的花白胡子、驼背五少爷等人把夏瑜所说的“阿义可怜”听成“疯话”。所谓培养语感能力，实质上就是以优美的言语对象深化、广化、强化和美化学生的语感，使其具有准确、灵敏、强大的同化、顺应功能。语文教学的主要任务就是组织、启发、引导学生感受课文的言语，克服同化的困难，促进顺应的实现，把文质兼美的课文言语转化为学生的语感能力，以期能够自然而然地一读就懂、一听就清、一写就通、一说就顺，而且听得真、懂得深、说得好、写得美。为此，语文教学必须首先把课本作为培养语感的对象。然而遗憾的是，实际的语文教学活动却往往把

① ［德］卡尔·马克思：《1844年经济学—哲学手稿》，刘丕坤译，人民出版社1979年版，第79页。

课本或仅当作教授语言知识的对象，或仅当作学习思想内容、写作方法的对象，这就造成了教学活动与教学目标的错位。

语文教学应当传授语言知识，天经地义，无可非议，但必须明确感受、理解课文与学习语言知识的关系，摆正各自的位置。语感不能没有一定的语言知识作为基础，但这种知识是直觉的语言知识，而非理性的语言知识，乔姆斯基甚至认为语感就是直觉的语言知识。学习有关语音、词汇、语法、修辞等语言知识可以帮助学生更快更好地理解课文，使课文言语更快更好地对象化于学生的语感能力。也就是说，理性的语言知识只有通过言语作品这一中介才有可能转化为学生的语感。因此，不能把传授语言知识当作语文教学的终极目的，而要把语言知识当作深化、强化学生对课文言语的感受、领悟的武器，使之服务于语感的培养。只有这样，语言知识也才有可能学得活、用得活。所以，传授语言知识仅仅是在培养语言能力的道路上走了一半，甚至只有一小半。但在教学中却有一种可以称之为五体投地式的倾向，总是趴在语言知识的下面，把课文支离破碎地肢解为语言知识的例证，以有关的语言知识来取代学生对课文言语的直觉感受。

我们的教育是为了培养德、智、体全面发展的社会主义建设者和接班人，各门学科都应像车轮的辐条那样指向这个中心，当然，各自又具有不同于别的学科的具体独特的途径和功能，不应相互取代和相互混同。语文教学就应该而且必须通过培养语感这条途径发挥自己独具的优势，做出自己独特的贡献。仅仅把语感看作是直觉的语言知识这一见解未必全面，因为语感实际上是社会的人对具有认识、情感内容的言语对象全方位的反应，既有语言的因素，也有认识的情感的因素，不仅是对言语对象在语言知识方面正误的判断，同时也是对内容的真伪是非与形式的美丑的判断。一个人的语感和他的思想感情之间有着千丝万缕的内在联系，甚至可以说是思想感情起着主导作用。列夫·托尔斯泰在世界观发生激变之后，就对类似卡拉姆辛的小说《可怜的村落》那样的语言“感到讨厌”。显然，托尔斯泰的语感也因思想感情的激变而发生激变，使他对普希金也“觉得”有点可笑了，而对人民用来说话的语言则“感到”亲切。至于“一旦你想说出多余的话、夸张的话、病态的话，那语言就不准你干”，实际上是你的语感“不准你干”。因为无论在激变前后，托尔斯泰所运用的都是俄罗斯语言，只是在激变之后，他的语感才发现了那些话是多余的、夸张的、病态的。托尔斯泰的语感与世界观相随而变的事实，有力地证明了语文教学完全可以通过语感这条途径，在政治思想、道德情操等方面的教育中发挥自己巨大的，并且为其他学科所无法替代的作用。美国的一位鲁迅研究者说：“鲁迅风格中最打动人的因素是语调。他的语调有时恨、有时爱，有时讥讽、有时抒情，但从来没有漠然中立的时候。一听他的语调就知道他对所写事物是爱还是恨。”[①]如果在教学中能使学生的语感对鲁迅作品的语调做出灵敏的反应，在朗读中准确地再现他的语调，实际上就是学生的思想感情通过语感的渠道与鲁迅注入作品中的思想感情的对流与契合。这样，思想教育与语言教育也就自然而然地融为一体，文和道也就自然而然地达到完美的统一。这样的语

① 尹慧珉:《美国学者论鲁迅小说技巧》,《文学研究动态》1981年第18期。

文教学要比单从课文中抽出思想内容一二三四进行分析要有效得多。通过语感的培养对学生进行思想教育，不但不是取消，恰恰是为了加强思想教育；要求不是降低了，而是更高了。倒是无视语文课特点的思想教育才更有可能是软弱无力的。语文教学一直还存在着一种可以称之为腾云驾雾式的倾向，远离课文的语言，架空分析课文的思想内容和写作方法，甚至把语文课教成了“政治课”或“文学课”，从大纲规定的教学目标来看，不能不说是误入歧途。

当然，语文教学实施德育的途径是多种多样的，但基本的和主要的途径却是语感的训练和培养。语文课适当讲点写作方法之类的知识也是必要的，无可厚非；但是，最为紧迫的还是“雪中送炭”，而非“锦上添花”。

二、教学内容和教学形式的错位

由于学习任何文化知识无不依存于语言，在某种意义上说，中小学各门学科的教学都是帮助学生进行有效的语言学习，不独语文为然。但其他学科所教所学的是语言所表达的内容，而语文则是教如何表达，侧重于语言表达的形式。换句话说，其他学科重在“说什么”，语文课重在“怎么说”。对于其他各科课本的语言，懂得它们“说什么”就可以了，即使要去揣摩“怎么说”，也仅仅是为了更好地理解它“说什么”；而对语文来说，明白它“说什么”固然必要，但却是为了达到理解它“怎么说”这一主要目的。

“说什么”与“怎么说”两者既相互联系，又不相互等同，它们是内容与形式的关系。作为符号的语言是语义内容与语音形式的统一体，作为言语作品的文章是思想内容和语言形式的统一体。我们并不是有一个无所依傍的赤裸裸的概念、思想存在，然后再找词句把它们表达出来。既没有不表达一定思想内容的语句，也没有不依存于一定语句的思想内容。思想就是使用语言表达，表达时调整语言也就是调整思想，恰当的表达就是恰当的思想。语言所表达的思想和用以表达的形式浑然一体地呈现于我们的意识中或表现在口头上、书面上，不管是思维和语言的主体还是接受主体，都不可能把两者割裂开来，既不可能超越表达的形式而直接攫取表达的内容，也不可能不睬表达的内容而掌握表达的形式。但是面对言语作品，接受主体却可以出于不同的目的而着重研究它不同的侧面。出于理解它的内容的目的，可以把它表达的形式仅仅作为桥梁；出于探讨它的形式的目的，可以把内容仅仅作为基础。例如《记念刘和珍君》第一句中第一个短语："中华民国十五年三月二十五日"，它的内容是说明下文所叙之事发生的时间。假若仅仅是为了了解鲁迅先生于何年何月何日参加了刘、杨的追悼会，必须准确地把握这一短语所表达的内容，只要达到这一目的，任务即告完成。但对于语文教学来说，这是远远不够的。因为它的目的主要不在于让学生了解鲁迅先生在何年何月何日参加了刘、杨的追悼会，而是在于学习鲁迅先生如何运用语言表达这一内容抒发自己的思想感情，因而不能停留在内容这个层面上，而必须深究：文章写于同年四月一日，而记叙同年发生之事一般并不需要标明年份，或仅说"今年"即可，但在这里，鲁迅先生为什么要这样写而不那样写（如"今年三月二十五日”或“上月二十五日”）呢？从而进一步启发引导学生从这一庄重严肃的独特形式之中去真切体验鲁迅先生的思想感情，从而使学生对这一表达形式有新的感受，这也就是在训练学生的语感。其他各科的教学一般经由课文的语言形式把握它的认识内容即可，而语文教学却必须再回到形式上来，由形式而内容再回到形式。只有这样，语感的培养才能真正落到实处。

一提起“形式”，不少人也许会认为它是一种看似酒瓶那样的空洞外壳，比起内容来不但次要得多，甚至是无关宏旨、无足轻重的东西，既不应该也不值得予以过多的注意，否则就会犯所谓形式主义的错误。其实他们完全低估了形式的作用、意义和价值。特别是语言表达的形式又有它的特殊性，由于语言表达的内容全由语言表达的形式直接转化而来，这就使它比结构等其他形式因素更加贴近内容。只有当语言表达的内容转化为形式的时候，内容才成其为内容，否则它就是并不实在或模糊不清、朦胧一团的东西。在真正成为语言表达的内容之前，它与其说是“内容”，还不如说是“对象”来得贴切。表达对象只是提出了表达任务，这个任务完成得怎样，表达的效果如何，则完全取决于表达的形式。表达内容的确定和形成，全赖表达形式的出现。在这个意义上说，是表达的形式使表达内容成为听者读者可以感受、“触摸”到的东西，因而可以说形式比内容更具体、更深刻、更高级。好比同是茄子，刘姥姥在大观园里吃的和她平日在家里吃的，味道却相去十万八千里；又好比同是一味中药，仅仅由于炮制方法不同，就会产生不同的药性药效。“我没有亲见；听说她——刘和珍君那时是欣然前往的。”与鲁迅先生在《记念刘和珍君》中的原句相比，只不过少了三个逗号而已，在说什么这一点上毫无二致，但是鲁迅先生体现在他独特表达形式之中的强烈悲愤之情却全然不见了。对于同一表达对象，不同的表达方式就会使之具有不同的内涵、不同的意蕴、不同的色彩、不同的情调、不同的韵味，从而传输不同的信息，产生不同的效果。单单着眼于语言所表达的内容，固然可以增长知识，但却达不到训练语感这一主要目的，学不到如何正确理解和使用祖国语言文字的真正本领。

有不少语文教师过分地重视内容而忽略了形式，造成内容和形式的错位。他们即使注意到形式，也往往是有关情节结构、谋篇布局等写作方法这一部分，或者罗列一些诸如形象鲜明、生动等所谓特点，再举几个例子说明一下而已，而对具体独特的语言表达形式则往往熟视无睹，没有真正在使言语对象转化为学生的语感能力这一点上做文章、下功夫，例如《中国人失掉自信力了吗？》一课，有的教师上了两三课时，几乎全部用以分析时代背景、段落结构、思想内容、写作方法等，如此腾云驾雾，学生几乎连课文也未真正读懂。如第一自然段：

> 从公开的文字上看起来：两年以前，我们总自夸着“地大物博”，是事实；不久就不再自夸了，只希望着国联，也是事实；现在是既不夸自己，也不信国联，改为一味求神拜佛，怀古伤今了——却也是事实。

起首为什么要从“从公开的文字上看起来”写起？可不可以

直接从“两年以前”开头？“是事实”“也是事实”“却也是事实”等三个分句可不可以删去？特别是“却也是事实”，为什么要加个“却”等这些问题，学生或瞠目结舌，或支支吾吾，总说不出个所以然来。这样，语言能力的培养自然也就成了一句空话，这就是内容与形式错位所造成的后果。

三、感受与理解的错位

不少人天天呼吸、时时呼吸，却从来没有感受到空气的存在；同样，也有不少人天天讲话、天天听话，也从来没有感受到话的存在。在他们的心目里，往往只有话语所传达的意思，却不在意话语的物质形式。在日常的言语交际中，人们专注于捕捉言语对象所负载的信息，着重于把握它的内容，这是正常现象。但语文教学却不能满足于对课文言语内容的理解，更要重视对言语整体的感受。理解和感受既有联系，又有区别。理解主要是通过抽象思维把握言语对象的意义，它一般只及于言语的内容；而感受则是在一定程度理解的基础上调动感觉、知觉、表象、联想、想象、情感等心理功能去触摸言语对象的整体存在，品味它说什么、怎么说以及为什么要这样说，不但及于它的内容，同时也及于它的形式。感受基于理解，又能加深理解，理解只能深化感受却不能取代感受。对于语文教学来说，既需理解，更需感受，感受重于理解。在教学中不但要使学生对课文的内容和形式有所知，更要有所感，才能真正达到以言语对象去人化学生的言语器官、培养语感能力这一目的。语感固然离不开“知”，但更离不开“感”，特别是有些语言现象只能在感受的过程中获得理解，如古人所说的“只可意会，不可言传”。日本哲学家池田大作说：“一句话具有一颗心。”[①]所谓感受，就是要使学生之心“入乎其中”，与言语对象中的那颗心发生共振共鸣，又要“出乎其外”，玩索言语对象表达的具体独特之处，在出入往复中使感受不断深化。

在我们的言语世界中有两种言语现象，一种是“有所述之言”，即所谓陈述语言，目的在于陈述客观的一件事实或一个道理；一种是“有所为之言”，即所谓感情语言，目的在于表达主观的某种态度、某种感情。论说文一般是“有所述之言”，它是作为概念的符号；文学作品的语言一般是“有所为之言”，它是作为表现的符号。克罗齐认为，亚里士多德指出了一个重要事实：除了表示真和假（逻辑）的陈述句外，还有既不表示真也不表示假（逻辑）的语句，比如心意和抱负，它们是心灵之所属，不是逻辑的而是词和修辞的表达。[②]科学家把言语分为陈述语言和感情语言，并不是说在一种语言中存在着两套不同的语言材料、语法规则，只是说一种语言兼有两种不同的功能。语言符号的语义内容就是概念意义，并没有另一套语言符号传达感情信息。感情语言最初负载的并非感情信息而仍然是概念意义，但它能通过把“非实在”当作“实在”而“有所述”，以表现一种感情状态。教授这类课文，离开心灵的感受，势必走上歧路。“冷月无声”，说的是月球这个天体温度很低又不会发出声音吗？“洋

① ［日］池田大作：《我的人学》（下册），潘金生、庞春兰译，北京大学出版社1990年版，第53页。

② ［意］贝尼季托·克罗齐：《作为表现的科学和一般语言学的美学的历史》，王天清译，中国社会科学出版社1984年版，第17页。

铁饭碗，要二三只，如不能见面，可将东西望转交赵少雄”——这是《为了忘却的记念》所录柔石在囚禁中写给同乡的一封信背面所写的文字。一位教师在教学时问学生：“鲁迅先生为什么要把它全文抄引出来？”大家想了好一会儿，方答：“为了说明狱中生活的艰苦。”可谓牛头不对马嘴。柔石的原文当然是陈述语言，但一经鲁迅先生的抄引，它已成为“有所为之言”，成为鲁迅先生对柔石的怀念，悼惜之情的物质载体。别林斯基说得好，不用心灵去感受文学作品，比用脚去阅读还要坏。但我们的语文教学确实患了相当严重的“感受贫乏症”。一位作家曾听一位教师这样上柳宗元的《江雪》：

> 原诗是：“千山鸟飞绝，万径人踪灭。孤舟蓑笠翁，独钓寒江雪。”译文是：“很多很多山上没有鸟飞了，千万条道路上见不到人影。只有一条小船上坐着一个披蓑衣的老头，尽管天下着大雪，江水冰冷，但他还是一个人钓着鱼。”懂了吗？①

“懂了吗？”即使“懂”了，语文教学也不能仅仅满足于“懂”，更不能满足于懂得它的字面意思，而必须启发、引导学生去感受体现于一定语言形式之中的诗的境界、感情。

议论文、说明文的语言是“有所述之言”，它实际上是对社会现象、自然现象等“实在”观察和认识、组织和把握的反映，

① 祖慰：《爱神的相似定理》，陕西人民出版社1984年版，第8页。

语言的真与假、模糊与清晰、笼统与准确、粗糙与细密、肤浅与深刻，语言的顺序、层次、条理，无不是跟人对客观世界观察和认识的程度、组织和把握的状况相联系、相对应的。优秀的论说文全都是认识之真对“实在”之真的迫近，认识的清晰、准确、细致、深刻落实在语言中就表现为语言的清晰、准确、严密、深刻。议论文的教学绝不能满足于理解其认识之真，更要启发、引导对其表现认识之真的语言有如迎朝晖、如沐晨风、如听警钟的感受，从对语言的感受中恍然大悟，豁然开朗，欣然诚服。必须强调指出的是，“有所述之言”同时也往往能够“有所为”，即表现一定的感情状态，正如上文所说的“有所为之言”往往必先“有所述”一样，异曲而同工。皮亚杰认为，人的行为是一个整体，感情和理智相互联系，相互补充，“没有一个行为模式（即使是理智的），不含有情感因素作为动机”[①]。情和理总是你中有我、我中有你，相关相连、难解难分的。是其所是，必须爱其所是、美其所是；非其所非，必须憎其所非、丑其所非。两者相生相成，相得益彰，总是一致的、和谐的。这种一致与和谐又必然体现于言语之中。同一事实、同一思想既可以这样描述，又可以那样表达，这主要取决于感情这一杠杆。《过秦论》开头一段中“席卷天下，包举宇内”意思相同，“囊括四海之意，并吞八荒之心”意思相同，但这里用对偶形式表现出来的重复，就有加强气势的作用。如果去掉文中对偶、排比等，从逻辑上看可能不会受

① ［瑞士］J. 皮亚杰，B. 英海尔德：《儿童心理学》，吴福元译，商务印书馆1981年版，第118页。

到任何损害，但那气势、那情韵可就消失殆尽了，文章必将黯然失色。对于论说文的逻辑链条固然需要通过思考去理解，但那情韵气势却要靠感受去体会。比起文学作品的教学，应该说“感受贫乏症”在论说文的教学中表现得更为严重，充斥课堂的除了层意、段意、中心，就是论点、论据、论证，所缺的就是“文以气为主”的那口“气”，难怪学生反映说“上语文课最没劲儿”[①]。

由于只重理解，忽视感受，在教法上往往只突出一个“讲”字，从开头一直讲到结束，甚至下课铃响还不肯罢休。45分钟，学生就是没有直接接触课文的机会。好比一桌佳肴，主人只是向客人讲这个菜味道如何，那个菜如何烹调，这个菜营养如何，那个菜如何吃法，就是不请客人动筷。马克思指出，“感觉通过自己的实践直接变成了理论家”[②]。学生的语感由学生自己对语言对象的直接感受积淀而成，是学生“感”的结晶而非教师“讲”的产品。语文教学的主要手段是以学生为主体的读、写、听、说实践，教授一篇课文好比带领学生游览一个风景区，教师当然要“讲”，但好比是那些题字、匾额、对联，只起点化作用，不能代替学生亲临其境去观看、去感受。“今日得宽馀”的感受，光在江边听人讲是永远也沾不上边的。五体投地式的教学只是要学生匍匐在地面上，让他们研究那里的砖头石块，却不让他们站起身、抬起头，放眼领略四处的风光；但教师毕竟已把学生带入风景区。等而下之的是腾云驾雾式的教学，只在空中飘荡，其中的

---

① 孟晓云:《多思的年华》,《十月》1986年第5期。

② ［德］卡尔·马克思:《1844年经济学—哲学手稿》，刘丕坤译，人民出版社1979年版，第78页。

风物景致只是浮光掠影地模糊一片，充其量也只凭道听途说略知一二。通过讲使学生有所知，当然不能一概排斥，有时甚至非以讲为主不可；要讲得好、讲到点子上也确实不容易。但经由教师的引导、启发、点化使学生通过读而有所感，对语文教学来说却更为必要，也更加困难。语文教学之所以是一门艺术，其奥秘也许就在这里。

造成上述在为什么教、教什么、怎么教等问题上的错位现象，原因相当复杂。执教者对语感的性质、功能以及如何培养等认识不足固然是主要原因，但也和高考、统考的命题有不尽完善之处以及教师对命题的意图、测试的目的理解不够全面、准确有关，同时也不能无视传统的和社会的某些惰性因素的影响。克服这一系列错位现象的当务之急是提高教师水平和端正教学思想，同时必须抓好高考、统考的“指挥棒”，使“最要紧的”真正成为“最要紧的”，使“首要任务”真正成为“首要任务”。只有这样，语文教学才能真正走上健康发展的道路。

原载《教育研究》1991年第10期

问世间，语文何物？

一

问世间，语文何物？此问看似比宋词原问“情为何物”简单多了，但稍稍一想，就会觉得作答不太容易；再往深里一看，其复杂难解更会让人望而却步，简直就是马蜂窝呀！然而这是语文课程与教学论的根本问题，也是直接关系到中小学语文教学质量的关键问题，还是一个百余年来愈变愈复杂或者说愈变愈模糊的疑难问题，我们只有迎难而上，正视之，直面之，认真探讨，努力解决，没有临阵脱逃的任何理由。

上面这段话，其实已经隐含一个预设：仅仅把它作为课程名称来看；不过，作为普通名词的语文与作为课程名称的语文虽不相等，但其内涵无论是指语言文字还是语言文学，都有基本的重合之处。在我看来，语文课程就是教学语文的课程——难道还有认为语文课程不是教学语文的吗？当然，认为完全不是的，我确实未曾见过，但主张不完全是的，比比皆是。现在先来看看，语文是教学语言文字的课程，抑或是教学语言（即汉语）、文学的课程？2003年教育部制订的《普通高中课程方案（实验）》指出："高中课程设置了语言与文学、数学……八个学习领域"，并指明语言与文学领域由语文和外语两个科目组成。也就是说，语文课程之语文是语言（即汉语）与文学。用数学等式表示：语文=1+1=2。如果课标的制订、教材的编写、中考高考试卷的命制等都能循此进行，问题就会变得简单明确得多。剩下的问题主要就在两者分量的比重上。鉴于当前社会上语言文字使用极其草率、相当粗鄙的状态，似乎以"语七文三"为宜，就是文学教学似乎也应向"文学是语言的艺术"适当倾斜。最重要的是语文教师要有自觉明确的汉语教学意识和文学教学意识，摒弃混沌的、囫囵的非语非文的所谓"语文"。本来"语文"并不混沌、囫囵，就是指汉语言文字，其目标和任务就是培养正确理解与运用祖国语言文字的能力。比较有代表性的表述是1986年的《全日制中学语文教学大纲》：教学生学好课文和必要的语文基础知识，进行严格的语文基本训练，使学生热爱祖国语言，能够正确理解和运用祖国的语言文字，具有现代语文的阅读能力、写作能力和听说能力，具有阅读浅易文言文的能力。在语文教学的过程中，要开拓学生的视野，发展学生的智力，培养学生的社会主义道德情操、健康高尚的审美观和爱国主义精神。其前其后的语文教学大纲基本上都是这个路数。但是，从2001年的语文课程标准开始，情况就发生了变化。2001年和2011年的课标都把文学教学单独列出来，明确了它不同于汉语的教学内容和目标。如2001年《全日制义务教育语文课程标准（实验稿）》指出"能初步理解、鉴赏文学作品，受到高尚情操与趣味的熏陶，发展个性，丰富自己的精神世界”，而《义务教育语文课程标准（2011年版）》则改为“能初步鉴赏文学作品，丰富自己的精神世界”，看来都已意识到语文除了汉语言文字，还应当包括文学。不过，既然已将文学包括在语文之内，语文照理应该就不再单指“语言文字”，但2001年课标在“课程性质与地位”这一部分中，开头就明确指出：“语文是最重要的交际工具”，紧接着又强调“语文课程应致力于学生语文素养的形成与发展”，语文课程具有“多重功能”——从将语文定性为“交际工具”看，文学显然就被排斥在语文之外，所谓“语文素养”也不包括文学素养，因为文学不是工具早已成为人们的常识；从“多重功能”看，意指除了培养正确理解与运用祖国语言文字的能力之外还有别的功能，最明显的也许就是“能初步理解、鉴赏文学作品，受到高尚情操与趣味的熏陶，发展个性，丰富自己的精神世界”这一文学的功能。于是“语文”的确切含义就开始变得模糊了：既可单指语言文字，也可包括文学，这就为“语文”的混沌化、囫囵化提供了可能，特别是为实践层面不分语言、文学的语文教学混沌化、囫囵化打开了方便之门。当然，我们应该体谅课标编制者的两难处境：不提文学教育显然不符合时代潮流，但是把文学教学单列出来使之成为与汉语教学并列的部分，似乎改革力度过大，不具备现实的可能性。——其实，早在20世纪50年代，汉语和文学就曾分家，并取得了很好的效果，不少当年的初中学生至今仍怀念不已。——语、文不分家，倘若语文教师又无自觉而明确的汉语教学意识和文学教学意识，“语文”只能照旧混沌下去、囫囵下去。这，能行吗？

二

上面讲的是语文与汉语、文学的关系，接着我们来讨论语文与思想、情感、道德、政治等的关系。必须特别提醒的是，我们讨论的是两者的“关系”，而不是思想、情感、道德、政治等要不要的问题。说白了，就是如何要的问题。依我看来，就是渗透与被渗透的关系以及如何渗透的问题，亦即将思想、情感、道德、政治等渗透在语文之中。于此，前人已经进行了非常有益的探索，如1978年的《全日制小学语文教学大纲（试行草案）》就指出：“要在培养学生读写能力的过程中，注意课文的思想内容与表现形式的内在联系，正确地进行思想政治教育和语文知识教学。”而且，它还特别强调所有有关思想、情感、道德、政治等的教育，都立足于“小学语文课本入选课文的思想内容”。换言之，并没有把它们从语文教学过程中独立出来，单独列为与语文教育并驾齐驱的另一部分。一望而知，它未言渗透，实则就是渗透。1986年的《全日制中学语文教学大纲》也说：“在语文教学的过程中，要开拓学生的视野，发展学生的智力，培养学生的社会主义道德情操、健康高尚的审美观和爱国主义精神。”2001年的语文课程标准如上文所引，强调“语文课程应致力于学生语文素养的形成与发展”，“致力”者，集中精力、尽力、竭力之谓也；只是要“正确把握语文教育的特点”，如“语文课程丰富的人文内涵对人们精神领域的影响是深广的，学生对语文材料的反应又往往是多元的。因此，应该重视语文的熏陶感染作用，注意教学内容的价值取向，同时也应尊重学生在学习过程中的独特体验”。它当年提出的“知识和能力”“过程和方法”“情感态度和价值观”的三维目标不是三个目标，更不是各自独立的三个实体，而是一体之三面。语文课还是语文课，而不是语文=语文+政治。到了2011年的语文课标，语文课的性质、任务开始发生质的变化。它在“前言”中指出：

> 语文课程致力于培养学生的语言文字运用能力，提升学生的综合素养，为学好其他课程打下基础；为学生形成正确的世界观、人生观、价值观，形成良好个性和健全人格打下基础；为学生的全面发展和终身发展打下基础。语文课程对继承和弘扬中华民族优秀文化传统和革命传统，增强民族文化认同感，增强民族凝聚力和创造力，具有不可替代的优势。语文课程的多重功能和奠基作用，决定了它在九年义务教育中的重要地位。

这段文字由三句话组成。第一句包括三个并列分句，前两个分句用了分号，最后一个用了句号。这就表明，这三个并列分句的内容是并列的。换言之，“语文课程致力于培养学生的语言文字运用能力”和后面两个分句所说的“为……打下基础”相互间是并列关系，而非领属关系。也就是说它认为语文课程起码有这样三个任务。然而，它提出的语文课程的任务还远不止于此。这段文字的第二句，由“不可替代”四字提示全体语文教育工作者，语文课程还应该自觉承担“继承和弘扬中华民族优秀文化传统和革命传统，增强民族文化认同感，增强民族凝聚力和创造力”的重大任务。而这段文字的第三句中“多重功能和奠基作用”，则是呼应并强调了前两句中三个“为……打下基础”，“继承和弘扬……”与两个“增强”。虽然与2001年的课标一样说是“语文课程致力于培养学生的语言文字运用能力”，但紧接着要提升的是“学生的综合素养”，而不是2001年的“语文素养”，“致力”一词在整段的语言环境里已经被彻底淡化，变得可有可无，甚至成为累赘。“培养学生的语言文字运用能力”已然退居诸多任务中的一项，而且，“为学生形成正确的世界观、人生观、价值观，形成良好个性和健全人格打下基础”等也未必要“在语文教学的过程中”进行，思想、情感、道德、政治等不是渗透在语文之中，而是可以甚至应该独立在语文之外，于是语文成了语文与思想、情感、道德、政治等的相加。

我认为，这种观点是值得商榷的。首先，语言文字不是外在于人的工具，而就是人本身。众所周知，人是符号的动物，马克思曾一再指出：语言是“思维本身的要素，作为思想的生命表现的要素”[①]。任何语言文字作品也都不可能和说者写者的思想感情绝缘，一般也总和道德、政治有着或近或远、或强或弱、或浅或深、或直接或间接的关系，这种关系是不以人的主观意志为转移的。语文教学去发现、了解、品味这种关系，是培养理解与运用语言文字能力所必需的，同时不管教师自觉与否，其间的思想、

① ［德］卡尔·马克思：《1844年经济学—哲学手稿》，刘丕坤译，人民出版社1979年版，第82页。

情感、道德、政治等都在熏陶感染学生。如果教师有这方面的自觉意识，对于语文与思想、情感、道德、政治等都会有强化的作用，所谓相得益彰是也。一旦两者相互游离，语文真的就会成为毫无灵性的僵硬的死的“工具”，而倘若无视课文的具体内容、独特角度，思想、情感、道德、政治等方面的教育就会沦为空洞抽象的枯燥说教，两败俱伤。因此，语文不应该是语文与思想、情感、道德、政治等的相加，语文本来就是有思想、情感、道德、政治等渗透其间的一个实体。其次，语言文字的学习，正确理解与运用语言文字能力的培养，绝无可能一蹴而就，其任务之艰巨困难，的确需要贯穿12年基础教育的一门专门课程来应对，这门课程就是语文。“互联网+”是个好东西，而“语文+”对于被加之语文和所加之别的什么都有害无益。语文应当而且必须拒绝“语文+”。2011年课标中，语文已经“+”得够多的了，据知语文还将被阐释为“语言建构与运用”加上“思维发展与提升、审美鉴赏与创造、文化传承与理解”，我真的觉得有点恐怖。“语言建构与运用”能够离得开思维吗？“思维发展与提升”对于语文课来说，就应该是实际上也必然是寓于“语言建构与运用”之中的，如果从中分离出来，要完成这一几乎与“语言建构与运用”同样艰巨困难的任务，就该另开课程，另订课标，另编课本，等等，否则就等于白日做梦。须知，初中阶段语文课一般每周才五节，高中才四节，杯水车薪啊！

三

汉语作为语文的半壁江山，它所担负的培养学生正确理解与运用祖国语言文字的任务，神圣而又艰巨。不过，我们可以对这一任务做出比较简易晓畅的表述，庶几有利于任务的完成。思来想去，我以为似可表述为：把语句写通顺，把意思说清楚。共12个字。两句话说的其实是一个意思，不过前者着眼于形式，后者着眼于内容。或许有人会以为这是大大降低了汉语教学的要求，小学毕业就可做到，太小儿科了！我可不敢这样想，由衷觉得一辈子都得为此而努力。别说我们一般人，就连汉语言大师如鲁迅、老舍者，一不小心也容易写不通顺、说不清楚。鲁迅《〈坟〉题记》中有一段话原是这样写的："我的可恶有时自己也知道。即如我有时吃鱼肝油以望延长我的生命，倒不是为了我的爱人，大大半是为了我的敌人，给他说得冠冕一点，就是敌人罢——给他的好世界上留一些缺点。"定稿时，鲁迅做了修改，最明显的是把"倒不是为了我的爱人，大大半是为了我的敌人"改成"倒不尽是为了我的爱人，大大半乃是为了我的敌人"。原来的"不是"说得太绝对了，也和紧接着的"大大半"不匹配——说得不客气一点，就是不太通顺。鲁迅是自己在定稿时就把它改过来了。老舍《我的母亲》的一处语病则至今还留在《老舍文集》第14卷329页："我晓得我应当去找饭吃，以减轻母亲的勤劳困苦。"浙江师范大学编的《初中语文课本（实验本）》收入此文时把"勤劳"改为"辛劳"。想必这是老舍一时的笔误。倘若这真是老舍的笔误，《红楼梦》的一个"可议"之处就很难用笔误来解释了。陈望道指出："这里雨村且翻弄诗籍解闷。忽听得窗外有女子嗽声，雨村遂起身往外一看，原来是一个丫鬟在那里掐花儿。……雨村不觉看得呆了。那甄家丫鬟掐了花儿，方欲走时，猛抬头见窗内有人：敝巾旧服，虽是贫窘，然生得腰圆背厚，面阔口方，更兼剑眉星眼，直鼻方腮。这丫鬟忙转身回避。……”甄家丫鬟不但“猛抬头”便能看清雨村的又是敝巾旧服，又是面阔口方，又是剑眉星眼，又是直鼻方腮，并且在看呆了的雨村的对面也能看见雨村的“背厚”，这就更加离奇了。[①]不合情理应该也是不通的一种。以上三例可以说吹毛求疵，几乎为绝无仅有者；至于现在语文世界（包括各种媒体、广告、杂志、论著等）语病之多，说是“满目疮痍”也不为过。早在2010年，一批学者和作家就曾严厉批评当时汉语使用的混乱，“已经由局部蔓延到了整体，由个人推及到了社会，由暂时发展成了长期”[②]，甚至连政府公文也难以幸免。这种现象于今已经是愈演愈烈，而且目前还看不见有任何好转的迹象。某一著名城市所属宣传部门去年曾下发这样一个通知，标题为：

关于转发《关于转发〈关于转发〈中央宣传部等关于组织观看电影《百团大战》的通知〉的通知〉的通知》的通知

括号套括号，如玩九连环游戏，与公文写作的基本要求相去简直十万八千里！屠呦呦获诺贝尔奖了，中国工程院某致贺信总共不到两百字，语病竟有三四处之多，如说她是“作为我国首个医学科学家，获得了诺贝尔奖”。国内某知名大学一位文学方

---

① 陈望道：《修辞学发凡》，复旦大学出版社2008年版，第50页。

② 参见《重庆晚报》2010年2月7日相关报道。

面的教授出版了一本据说是经过严格审阅的学术著作，有学者指其作者“没有起码的造句能力，甚至连许多常用词都用错了”[①]。在教育领域，连关系到多少年轻人命运的高考语文试卷的题目也出现了不少语病，让人触目惊心！当下语文世界满目疮痍，倘若只是问责学校的语文教学，那是绝对不公平的，但平心而论，语文教学实也难辞其咎。长期以来，混沌、囫囵的语文教学太不重视遣词造句这一汉语学习的根本了。你一提语文教学要侧重课文怎么说的语言形式，就有人义正词严地指责你怎么能无视课文的思想内容？看来在不少人的心目中，内容与形式是可以各自独立存在的东西；他们还认为重要的不是课文如何遣词造句，而是某篇、某段、某句的意思，了解、掌握“意思”成了语文教学的最高目的。久而久之，以致我们好多人“根本不知道什么叫好的文字，什么叫不好的文字”了。鉴于此，近年我提出了“语文品质”这一概念，它指的就是一篇语言作品遣词造句水平的高下优劣。学汉语，主要就是学如何遣词造句，使之达到清通、适切、准确、得体的基本要求，进而具备情态美、节奏美、洁净美等。如果说语文课程的文学教学所要培养的是学生的文学情趣和文学感觉，那么语文课程的汉语教学所要培养的就是良好的语文品质。良好的语文品质就是正确理解与运用汉语言文字的具体化、简约化，有助于我们正确回答语文为何物这个问题。我曾建议是否能从“语文品质”的角度审视、理解、认识语文教学，把主要

① 王彬彬：《竟然有这样的学术著作——米崇科〈广州鲁迅〉杂议》，《当代文坛》2015年第5期，第12—29页。

任务确定为：引导学生去发现、感悟课文美好的语文品质，并且探究它生成的缘由，从而使学生得到借鉴，以提升自身语言作品的语文品质。

四

语文何物？上文是从应然的角度来回答的，最后似乎应该深入“世间”了解一下它的实际状况。我们有努力按照课标的要求去努力的教师，但属少数；多数在实际教学中是把语文考纲和往届中考高考试卷作为真正的课标的，因为必须睁大眼睛盯住分数，目不旁视，心无他骛，专心致志，为了自己，也为了学生的生存。当然课标也不是全无用处，但大半用于公开课、工作总结、评职称用的论文等。全力以赴拼分数，是我们基础教育多少年来所犯的颠覆性错误，要把它再颠覆过来，任重而道远。

原载《中学语文教学》2016年第5期

语文教学改革中的“吕叔湘之问”

1978年3月16日，吕叔湘在《人民日报》发表《当前语文教学中两个迫切问题》一文，提出后来语文教学领域普遍关注的“吕叔湘之问”：“中小学语文教学效果很差，中学毕业生语文水平低，大家都知道，但是对于少、慢、差、费的严重程度，恐怕还认识不足。……十年的时间，二千七百多课时，用来学本国语文，却是大多数不过关，岂非咄咄怪事！”[①]“吕叔湘之问”的关键问题在于，中小学语文课用了最多的课时，为什么效果却那么差？几十年过去了，当前的情况是不是有所好转呢？从错别字、语病泛滥的惨状来看，似乎比当年有过之而无不及。“对于少、慢、差、费的严重程度，恐怕还认识不足”的现象依然存在，甚至更加严重。当今语文教学改革的关键在于重新面对“吕叔湘之问”，寻找造成语文教学问题的病根以及解决问题的途径。

---

① 吕叔湘：《吕叔湘语文论集》，商务印书馆1983年版，第337页。

一、"工具性与人文性的统一"

导致语文教学的"出轨"，造成语文教学"少、慢、差、费"的原因，肯定相当复杂，我认为最主要的是：语文课已经不是完整的名副其实的语文课，成了"语文+政治+思想+人文+……"课；而且，目前似乎还没有停下脚步的迹象。

语文名正言顺地"出轨"始于2001年课标关于"工具性与人文性的统一是语文课程的基本特点"的断言。本来，语文就是语文。现在，语文变成了"工具性"和"人文性"两个部分。如果说"工具性"这一部分倒腾的还是课文的字词句的话，"人文性"就由语文"出轨"到人文了。当然，这并非课标制订者的原意与初衷，而是指其在事实上所造成的后果。比如，有人认为："语文课程工具性与人文性统一这个特点的确定，改变了此前语文教学大纲中单一的工具性的局限，扩大了语文课程的内涵。学习语文不仅是要掌握语文这个工具，还要塑造和培养使用工具者的人文素养。"[①]或曰："课程标准再次强调'工具性与人文性的统一'。所谓'工具性'当指语言文字学习，所谓'人文性'当指文化吸收。二者兼顾，不可偏废。"[②]又曰："语文学习不能只顾及一方。语文学习的任务主要有两方面，一是培养理解和运用祖国语言文字的能力，二是提高思想文化修养，体现语文学科的育人

---

① 杨泉良：《语文教学的当下视野》，暨南大学出版社2012年版，第287页。

② 王鹏伟：《和名师一起读语文新课标》，教育科学出版社2013年版，第6页。

价值。”[①]于是，语文课程发生了一系列“改变”：由“一方”扩大为“二者”，扩大为“文化吸收”“提高思想文化修养”。

出轨之后的语文课导致中小学语文教学出现种种怪异现象。“新课程实施以来，不少老师又走了极端，他们将教学重点定位且止步于文本内容的理解，强化‘人文的感悟’，淡化‘语文的感悟’，忽略语言的学习，以牺牲工具性为代价张扬人文性，语文教学越来越‘人文’，语文学科的特有目标却越来越难以达成，语文课不再姓‘语’，语文教育效率很低。”[②]甚至语文课有时会变成政治课，有时又会变成环境保护课，等等。[③]所有事实都指向一个结论：出轨已经成了语文教学的新常态。自从课标提出“工具性与人文性的统一”以来，语文教学或在两者之间摇摆不定，或“偏重了人文性，忽略了工具性”；或力求两者兼顾，认为不仅“应使学生初步学会运用祖国语言文字”，“也应该通过教学……促进精神成长”。“不仅……也……”描述了一门语文被分成两个部分的现况，即根据工具性和人文性各自的要求，完成各自的任务，显然是两举两得，而非一举两得。两者并未真正统一，实际上也不可能统一。尽管他们的态度是诚恳的，对“统一”的理论也是深信不疑的——这种认识与实践最为普遍、常见。

---

① 谭铁斌：《语文教学的现实与图景》，商务印书馆2014年版，第3—4页。

② 胡海舟：《着意于精神着力于语言——例谈阅读教学人文性与工具性的融合统一》，《新语文学习（教师版）》2010年第3期，第49—50页。

③ 王其华：《“盐”要溶入“汤”——例谈工具性与人文性的整合》，《小学教学设计》2005年第12期，第24—25页。

课标关于“工具性与人文性统一”的论述，不但无助，而且有害于培养学生正确运用祖国语言的能力这一目标的达成。它不仅在实践中弊多利少甚至有弊无利，而且在理论上也是完全站不住脚的。

首先，课标上的标题是“语文课程的性质”，回答却是“工具性与人文性的统一，是语文课程的基本特点”。为什么没有正面回答呢？据知情者回忆，当时学术界对此有不同的认识。有人认为语文学科是人文学科，而过去语文教育的主流派把语文定位为工具性学科，使语文课程丧失了人文精神的光辉，因此路子越走越窄。有人提出要“高举人文精神的大旗”，引导语文教育的新潮流。一批高校的文科教授也群起呼应，展开了一场“工具性”论者与“人文性”论者的大辩论。在“课标组”成员中，有人倾向于工具性，也有人倾向于人文性，双方各有理由，争执不下。有的建议干脆回避，但是征求意见之后，发现不提不行，还是需要表态。可是，有人反对工具性的说法，有人反对人文性的说法。于是，有关“工具性与人文性的统一”的说法，暂时获得多数人的认可。问题在于，将语文课程的性质表述为“工具性与人文性的统一”，似乎也不合适，因此改成这是语文课程的特点。实际上“这是一种临时应付的障眼法”①。

有学者认为：“课程标准把过去语文教学大纲中‘培养学生的语文能力’改为‘全面提高学生的语文素养’。然而，何为语文素养？何为语文工具性？语文人文性的具体含义是什么？工

① 周正逵：《语文教育改革纵横谈》，教育科学出版社2013年版，第15页。

具性与人文性到底是一种什么关系？在语文教学中，二者又该如何统一？课程标准语焉不详，语文教育理论工作者也是众说纷纭，广大教师更是无所适从。”[①]对于工具说、工具性与人文性统一说，我曾在《语感论》（上海教育出版社2000年版）中提出质疑和批评。所谓“工具性与人文性统一”，这是一种尚未成熟的理论。

“语文”原有语言与文字（即口头语言与书面语言）、语言与文学两义。吕叔湘《当前语文教学中两个迫切问题》一文所指当是前者无疑。但作为课程，语文不像数、理、化、史、地、生等课程背后各自都有相应明确的学科支撑。两者的这种对应关系业已成为大家的常识，从来无人挑战。而语文恰恰缺乏这种明确的学科支撑，这是出轨的缘由之一。但是，从语文课程内容和教材呈现看，它们和政治、思想、历史、文化传承等自然而然都有交集。教学任务既不可能也不应该排除人文素养的培育。不过，这并不意味着必须将语文课上成不完整的语文课，上成语文+政治+思想+人文的二全、三全甚至是十全大补课。这恰恰是所谓“工具性与人文性统一”必然导致的结果。

“工具性”显然源于语言是工具的观点。语言果真是工具吗？以前，人们常常把语言叫作“工具”。其实，人们有时把语言叫作工具，“不过是比喻而已”[②]。“工具”既然是比喻，那么语言究竟是什么呢？马克思在谈到人和动物的区分时指出，人能

① 顾之川：《顾之川语文教育论》，福建教育出版社2013年版，第8页。

② ［英］S. 皮特·科德：《应用语言学导论》，上海外国语学院外国语言文学研究所译，上海外语教育出版社1983年版，第2页。

够“把自己的生命活动本身变成自己的意志和意识的对象”[①]，靠的就是语言。后来，卡西尔的相关研究证实了这一观点。卡西尔认为“这就是我们全部问题的关键：命题语言与情感语言之间的区别，就是人类世界与动物世界的真正分界线”[②]。其实马克思、恩格斯早就提出了类似的思路。语言不是别的，它就是人的意识；意识就是语言。[③]语言“不是一件物体”，而是“人类心灵的一种一般功能”；“患有失语症或其他同源病症的病人不仅丧失了对语词的运用能力，而且整个的人都经历了相应的变化。……这样的病人是不能完成任何只有依靠对抽象物的把握才能完成的任务的”[④]。总之，语言不是外在于人的工具，而就是人本身。人就是“语言的动物”（罗梭）、“符号的动物”（卡西尔）。认定语言是工具，就等于认定人可以和语言分离开来，就像可以和衣服、手表分离开来一样，这是一种对人、对语言致命的误解。语言不是工具，培养学生语言能力的语文课程当然不是工具学科，用工具性来描述语文学科的性质或基本特征，可谓牛头不对马嘴。

工具性理论另一个显著的误区，就是认为，在说写之前，要

---

① ［德］卡尔·马克思：《1844年经济学—哲学手稿》，刘丕坤译，人民出版社1979年版，第50页。

② ［德］恩斯特·卡西尔：《人论》，甘阳译，上海译文出版社2013年版，第51页。

③ ［德］卡尔·马克思，弗里德里希·恩格斯：《马克思恩格斯选集》（第一卷），中共中央马克思恩格斯列宁斯大林著作编译局编译，人民出版社1972年版，第35页。

④ ［德］恩斯特·卡西尔：《人论》，甘阳译，上海译文出版社2013年版，第69—70页。

说要写的内容已经先在于说者写者的头脑里，在等待说者写者把它们“表达”出来。用什么东西来表达呢？语言。于是，语言貌似表达的工具。实际上，这是脱离实际的臆想。索绪尔指出：“语言对思想所起的独特作用不是为了表达观念而创造一种物质的声音手段。”[①]语言不是表达思想的工具。那么该是什么呢？维果茨基说：“思想不是在语言中表现出来，而是在语言中实现出来。”[②]在语言把它实现出来之前，言语主体有的只是一种表达的意欲。这种意欲当然并不就是表达的内容。关于这个问题，朱光潜写过一篇以几何学的论证方式写成的独特论文：《思想就是使用语言》。[③]“前言”开宗明义，直截了当地指出：“思想和语言是一回事。”由于“思想和语言是一回事”，文章的内容就在文章的形式里；文章的形式就是文章的内容之所在。内容和形式根本不可能分割开来，当然也不可能是相互游离的两样东西。然而，这并不意味着对于文章的内容与形式，在我们阅读的时候不应该也不可能有任何侧重。或侧重于说什么的内容，或侧重于怎么说的形式，这种不同的侧重不但是可能的，有时也还是必需的、应该的。我们语文课程应当理直气壮地致力于课文怎么说的独特言语形式的教学，让学生从“怎么说”学习怎么说。当然，这种言语

① ［瑞士］索绪尔：《普通语言学教程》，高名凯译，商务印书馆1980年版，第158页。

② 转引自［苏］斯米尔诺夫：《苏联心理科学的发展与现状》，李沂等译，人民教育出版社1984年版，第327页。

③ 朱光潜，张金言：《思想就是使用语言》，《哲学研究》1989年第1期，第27—33页。

形式绝对不是与思想感情无关的所谓语言工具的拼凑或堆砌，它的出现就是在实现言语的内容。

二、“人文说”的问题

语文与人文的关系，一直是语文课程问题的症结所在。基于语言的人文性，实际上语文课程的人文性就直接体现于读写听说的言语（言语是语言的运用及其结果即作品）。简言之，人文就在语文之中，而不是在语文之外，其中虽有和人文课程的其他学科如政治、历史等的内容相同相通的部分，但这些都没有体现我们语文学科所特有的人文特征。人文教育对于语文学科来说，最独特、最重要因而也是最具优势的，是渗透于课文的言语形式之中的人文精神、人文情怀，而这正是在教师自觉引导学生学习如何“正确使用语言”的过程之中才得以实现的。语文就像人的眼睛，从中可以看到人的精神状态、心灵活动；而人文则像是语文的神经，假若神经是麻木的，语文也就呆滞了，变得毫无生气活力。因此，为了“语文”也得“人文”，只有人文的渗透、滋养，语文才有自己鲜活的生命和无穷的魅力，语文才是真正的语文。削弱了语文，也就同时削弱了人文；削弱了人文，同时也就削弱了语文。同时，即使仅仅为了“人文”，我们也得“语文”，因为人文在其中获得了感人的力量，能够真正走进我们师生的心灵。跟在语文之外而被硬生生加进来的与语文并列的人文相比，我们宁要前者的一两，也不要后者的千斤。我们说语文，人文已经存活其中；我们说人文，指的不是抽象的人文教条，而就是人文在其中闪亮发光的语文。

在语文学科里，语文、人文本身就是一个难解难分的同一生命体，它们本来就是“一”，何必一定要先将这个“一”血淋淋地肢解为“二”，再去将它们“统”在一起呢？如此这般，你再怎么“统”，都难以取得良好的效果。于是，语文课程与教学在这里出现了一个岔路口：一是坚守语文、人文一元论的立场，着眼于人文在遣词造句过程中的渗透，并致力于引导学生去探究它是如何渗透于遣词造句过程之中的；二是先分别着眼于“工具性”或“人文性”，找出与此“二者”各自相关的内容分别教学，在教学过程中再努力做到相互统一。工具、人文二元理论倡导教师解释课文的人文内容，以为这是语文学科对学生进行人文教育的唯一有效的途径。至于运用语言工具的技术的教育，应当退居次要的地位或者两者并重。这种观点用心可嘉，却片面偏激。

语文、人文一元的观点认为，教学课文的过程是教师引导学生并和学生一起走向课文、走向作者的过程。这里所说的“走向”，就是以认真虚心的态度感知、体贴、领悟课文的言语，也就是语文和人文同时学习的过程。而二元观点有意无意地预设了这样一个前提：对课文相关人文内容的认识、理解，教师和教学参考书等的作者比课文作者要深刻要高明（当然绝大部分教师并无此自觉意识，属不自觉行为）。教师所要做的是发挥、纠正、提升，而不是引导学生去阅读、咀嚼课文本身的言语。

三、“工具说”的功过

关于“语言是工具”的观点，在现当代历史上曾经起过积极的正面作用，叶圣陶、吕叔湘、张志公等语文教育“三老”曾是这一观点的旗帜。我们历史上的基础教育从来没有过什么“语文课”“国文课”等等，“断文识字”是混在经义课（《三国志》上说“建立学校，导之经义”）、伦理道德课里凑合着教的。后来即使有了“国文课”，经义的力量却仍然十分强大。于是，叶圣陶等前辈高举“语言是工具”的大旗，论述语言本身的价值，竭力抵御“经义”的“入侵”，为语文去争取独立的地位。

由于当时学术界对语言的认知也还没有进入到比“工具”更进一步的境地，这就是所谓历史的局限。以此局限责备当时任何个人都是不合情理、难以服人的。自1949年至“文革”之前，又是他们高举“语言是工具”的大旗，竭尽努力一再争取语文课回到语文的轨道上。他们虽然认同“语言是工具”，但旨在强调“正确使用祖国语言”。在“新课标”之前，起着课标作用的语文教学大纲也执意强调语言是工具，由此论述语文课程“正确使用祖国语言”这一个任务。它也重视政治思想教育、伦理道德教育等，却明确指出并强调应在“正确使用祖国语言”的教学过程中进行，也明确指出并强调不应脱离语文教学固有的特点或规律。新课标在“工具性”之外加上了“人文性”，并且将其与工具性并列了起来，明显就是要把原来就在其中的东西即关于政治、思想、道德等人文内容剥离出来给予独立或说是平等的地位，从而使工具性成了已被证明是弊端丛生的所谓“纯工具性”。问题是，这是在强调“正确使用祖国语言”吗？其实这样做只会削弱“正确使用祖国语言”的教学。

不过，“语文是工具”的观点在语文教育实践中也产生了一些问题。于是关于语文学科的性质出现了“人文说”，认为语文属人文课程，而非工具课程。“工具说”“人文说”长达十余年的争论之后，可能是为了调和两者的矛盾，21世纪初出现了“二元统一说”，后来写入课标，算是对两说各拉一把，各有所取。平心而论，2001年的语文课程标准还是十分强调“语文课程应致力于学生语文素养的形成与发展”，“致力”者，集中精力、尽力、竭力之谓也，这不是很好吗？是的，如果这一观点能够贯穿始终的话；但这一正确的提法却受到它自身“工具性与人文性统一”这一论述的无情冲击，喧宾夺主，变得难以落实。后来就越走越远，终于改变了初衷，语文课二元统一实际上变成向思想、思维等倾斜了，语文后面所加的东西越来越多了，语文的地盘越来越小了。

由于在特殊的历史环境里，语文不断被加上这样那样，才出现了提出“吕叔湘之问”的土壤。本来与其他各门课程并列的语文课有自己的篱笆，而自提出工具、人文两性以来，这道篱笆开始处于濒危状态，到了2011年终于被撤掉了，语文课除了语文自身之外还加上了什么什么，这什么什么尽管和语文多少搭一点边，但已然不是语文了。好比一户人家，本来语文是户主，后来虽然加进了别的人，户口簿上登记的户主名字还是语文，现在连户主的名字叫成语文也显得十分勉强了，语文这位本来的户主尴尬着哪！

四、“语文”必须回归语文

怎么办？说简单也极其简单，一句话，语文课程彻头彻尾、彻里彻外整个儿回到语文的轨道上来，老老实实、一心一意培养学生正确运用祖国语言的能力。用吕叔湘的术语来说就是提高“语文质量”。他说：“我要代语文教师呼吁一下，请求各科的同事和他合作，都来关心学生的语文，对学生的语文负责。消极方面，给学生树立好榜样。如果语文老师说某一个字不能这样写，学生说数学老师就是这样写，语文老师怎么办？积极方面，各科教师都应该要求学生在回答提问和书面作业的时候正确地使用语文。……不但各科教师，学校行政也应该关心学生的语文，对学生的语文负责，每出一个布告，每发一个通知，每作一个报告，都应该检查一下语文质量，包括错别字在内。总之，要在整个学校里树立起正确使用祖国语文的风气，学生生活在这样的环境里，正如蓬生麻中，不扶自直。”①

可见，“语文质量”说的就是语言作品能否“正确使用祖国语言”，而语文的使用说的主要就是遣词造句，用吕叔湘的话来说，就是“用字眼、造句子”②的好坏状态，当然也包括汉字的书写、读音。

走出“工具性与人文性统一”的理论误区，走出空谈人文的实践误区，引导学生认真关注怎么说的言语形式，品味语文，激活人文，坚持朝着正确运用祖国语言文字这一方向不断努力，用中小学语文课程现有的课时，如果大多数学生语文还是过不了关，那才真正是咄咄怪事！“山重水复疑无路，柳暗花明又一

---

① 吕叔湘：《吕叔湘语文论集》，商务印书馆1983年版，第334页。

② 同上书，第331页。

村”，语文教育的道路虽然坎坷曲折，但前途毕竟是光明的，我们应该有这个信心。

原载《全球教育展望》2017年第5期

论语文课程的复合性

一、语文课程肩负语言教育和文学教育两项任务

2003年教育部制订的《普通高中课程方案（实验）》指出："高中课程设置了语言和文学、数学……八个学习领域"，与其中"语言与文学"这一学习领域相对应的科目是语文和外语。[①]换句话说，与语文课程相对应的学习领域由语言和文学两个部分组成，而不是只有语言或文学一个部分。这就明确告诉我们：语文课程肩负着语言（即汉语）教育和文学教育两项任务，具有复合性特征。《方案》说的虽是高中，但它所说的语文课程这一复合性特征却具有普遍意义。复合不是混合，既不是语言教育包含文学教育，也不是文学教育兼顾语言教育，就好比不是豆浆里加点儿牛奶或牛奶里加点儿豆浆，把牛奶和豆浆两种食品混成一种。

《方案》关于语文课程学习领域的这一规定，在我国语文教

---

① 中华人民共和国教育部制订:《普通高中课程方案（实验）》，人民教育出版社2003年版，第2页。

育发展史上无疑是座里程碑，但它由来有自，并非从天而降。从纵向看，起码可以追溯到清朝末年的《奏定初等小学堂章程》，其中关于语文课程，既有旨在“使识日用常见之文字，解日用浅近之文理”的“中国文字”这一科目，到第五学年又增设了旨在“养其性情”的“中小学堂读古诗歌法”[①]。语文课程的复合性于此已可见其端倪。此后，在20世纪上半叶的有关语文课程文件和一些语文教育家的有关论著中，都越来越明确地提到语文课程同时担负着语言文字的理解与运用和文学作品的理解与欣赏这两项任务，均有案可稽，兹不一一罗列。总之，语文课程是“语言”和“文学”的复合，几乎已经成为大家的共识。基于这一背景，1954年2月中共中央政治局扩大会议批准的中央语文教学问题委员会给党中央《关于改进中小学语文教学的报告》，并未去论述语文课程何以必须肩负语言教育和文学教育两项任务，而是径直说明语言、文学混教的弊端和语言、文学分科的必要。报告指出：“我国中小学语文教学，历来都是把语言和文学混在一起教，这样教学的效果，不论从语言方面看，还是从文学方面看，都遭到了很大的失败。”[②]显然，文件以为中小学生必须接受语言、文学这两项教育是理所当然、本应如此的常识，人人清楚，个个明白。1956年分科显然受到苏联语言、文学分科的直接影响，但无可否认的是，此前我国语文教育界对语文课程的复合性特征已经有着相当自觉、明确的意识。分科夭折之后，对当时所提出的

① 课程教材研究所编：《20世纪中国中小学课程标准·教学大纲汇编·语文卷》，人民教育出版社2001年版，第5—6页。

② 叶圣陶：《关于语言文学分科的问题》，《语文学习》1955年第8期，第1—8页。

“不要把语文课讲成文学课”的主张来了个釜底抽薪，它压根儿就不承认语文课程有两项任务，一刀阉割了文学教育。改革开放以来，语文课程的复合性特征又被重新提起。我在1990年出版的《语文教改的第三浪潮》一书中就曾明确指出：“语文课是进行语言教育和文学教育的语言文学课”①，并以专节分别论述了语言教育和文学教育不同的宗旨、目的、内容和方法等。

2001年教育部颁布的《全日制义务教育语文课程标准（实验稿）》，既有“语文课程应培育学生热爱祖国语文的思想感情，指导学生正确地理解和运用祖国语文”等语言教育任务的规定，也明确指出了文学教育的目标：“能初步理解、鉴赏文学作品，受到高尚情操与趣味的熏陶，发展个性，丰富自己的精神世界。”②课标研制组解读语文课程标准（实验稿）时，在充分论述了语言教育任务的同时也斩钉截铁地指出：“文学不是奢侈品，文学对人的教育功能是不能忽视的。”文学“应在语文课程中占有重要地位”③。虽然他们认为“‘语言’与‘文学’是分为两门课程还是一门课程，可以再做研究”④，但已经明确肯定语文课程肩负语言教育和文学教育两项任务。豆浆要喝，牛奶也要喝，不能偏食，只要一种；而且，豆浆是豆浆，牛奶是牛奶，不能相互混在一起成为非浆非奶、亦浆亦奶的东西。如果大家于此都有基本的共

---

① 王尚文：《语文教改的第三浪潮》，广西师范大学出版社1990年版，第35页。

② 中华人民共和国教育部制订：《全日制义务教育语文课程标准（实验稿）》，北京师范大学出版社2001年版，第1—2页。

③ 语文课程标准研制组：《全日制义务教育语文课程标准（实验稿）解读》，湖北教育出版社2004年版，第32—33页。

④ 同上。

识，并以之指导语文教学实践，语言和文学是分是合的问题确实“可以再做研究”。

二、语言教育和文学教育各有独当之任

叶圣陶先生在1955年指出：“1949年中华人民共和国成立之后，规定语文科（语文科的名称那时候开始用的）的教学包括语言和文学的任务”，认为“中学的语文教学应该使学生有一定的语言修养和文学修养”[①]。也就是说，语文科中语言教育的任务在于使学生具有一定的语言修养，文学教育的任务在于使学生具有一定的文学修养，各有独当之任，既不可偏废，也不可混杂。

自1963年至2000年制订或修订的语文教学大纲，虽有十余次之多，但都无例外地一致强调语言教育的任务是“正确理解和运用祖国的语言文字”，这是语言教育的独当之任。“独当”者，别的课程无法分担之谓也。此任，慢说政治、历史、地理、数学、物理、化学……无法分担，就连作为语文课程组成部分之一的文学教育也无法分担。语言教育就是母语教育，任何一个中国公民都必须接受系统的母语教育，都必须正确理解和运用祖国的语言文字，这是人之为人生存的需要，同时这也是传承、弘扬民族精神的需要。“母语之母，就是生心之母、精神之母”[②]，离开了中国语，中国心也就无由生成。

① 叶圣陶：《关于语言文学分科的问题》，《语文学习》1955年第8期，第1—8页。

② 周燕：《也谈母语的“母”》，《语文学习》2003年第6期。

文学教育也有自己的独当之任。爱因斯坦指出："用专业知识教育人是不够的。""他必须获得对美和道德上的善的鲜明的辨别力。"[①]要使学生获得对美的鲜明的辨别力，非美育莫办；而在基础教育阶段，文学教育则是美育的必由之路。文学的美育功能不能因有美术、音乐而予以低估。文学是人学，它能使读者在文学作品的字里行间发现作者的生命体验，产生共鸣共感，由此而认识自己，理解他人，最终把人的感情、精神提升到一个新的境界。法国当代哲学家埃德加·莫兰认为，在学校教育中文学作为"人类在他的宇宙中的自我反思"，应该恢复它"完全的权能"[②]。要成为真正的人，文学教育确有它不可或缺、不可替代的独当之任。我曾在《语文教改的第三浪潮》一书中把文学比成"通灵宝玉"，"如果说'忽视教育等于自杀'（钱学森语），那么忽视文学教育就等于摘除了青少年身上的'通灵宝玉'"[③]。我甚至认为，文学在一个国家中的地位，在一个国家教育中的地位，其实就是"人"在一个国家中、在一个国家教育中的地位的折射。

语言教育和文学教育的必要性，我想现在已经不太有人会提出异议，问题在于如何在语文课程中得到落实。这绝不单纯只是个操作层面的问题，而首先是认识问题。本文所说的语文课程复

① ［美］阿尔伯特·爱因斯坦：《爱因斯坦文集》（第一卷），许良英等译，商务印书馆1994年版，第310页。

② ［法］埃德加·莫兰：《复杂性理论与教育问题》，陈一壮译，北京大学出版社2004年版，第129页。

③ 王尚文：《语文教改的第三浪潮》，广西师范大学出版社1990年版，第81页。

合性这一特征，就是要肯定语言教育、文学教育各自相对的独立性。如果无视这种相对的独立性，所谓必要性就有落空的危险。语言教育虽然离不开情感、态度和价值观，但最后总要落实到正确理解和运用祖国语言文字的知识与能力上，尽管它可以运用文学作品的语言作为例子，但它却担负不了文学教育的任务。因为文学教育的核心是对人的生活、人的命运进而对人的生命体验最后落实到对人之为人的人性、人情、人道的感受与感悟上，这与以正确理解和运用祖国语言文字的知识、能力为旨归的语言教育毕竟是两回事。而文学教育也不可能取代语言教育，它进行的是精神教育、心灵教育、情感教育、审美教育，虽和语言文字的理解与运用相关，但正如埃德加·莫兰所说，如果“使文学为作为媒介的语言服务”，它就会和作为人类在他的宇宙中的自我反思断绝联系，而“变为受制的和次要的”[①]。

语言课程的复合性是以语言教育和文学教育各自相对的独立性为前提的。如果两者笼而统之，混而杂之，从表面上看，它确实是一门课程，但却是一门既不是语言教育也不是文学教育的两不是、两不像课程，不伦不类，不三不四，不痛不痒，什么都是也什么都不是，什么都有却什么也没有，有也不多出什么，少也不会少了什么，这样的所谓课程，除了浪费青少年宝贵的光阴，别的用场恐怕不大。写到这里，不由得又想起了吕叔湘先生几十年前说的那句振聋发聩的名言：“十年的时间，二千七百多课时，

① ［法］埃德加·莫兰：《复杂性理论与教育问题》，陈一壮译，北京大学出版社2004年版，第129页。

用来学本国语文，却是大多数不过关，岂非咄咄怪事！”[①]

三、从复合性看语文教育研究与实践

我从复合性的角度来审视语文教育研究与实践的状况，我们就会发现许多亟待解决的问题。

首先是为什么教的问题。从语文课程的复合性看，答案是简单而明确的：其中语言教育教学生正确理解与运用祖国的语言文字，文学教育教学生从文学作品中、从感情上反思自己，认识自己，提升自己。我曾在2004年发表《呼吁“语文”一分为二》一文，说到语言、文学混教的结果是要么文学教育沦为语言教育的附庸，要么语言教育沦为文学教育的附庸。“大体上说，几十年来，有时西风压倒东风，有时东风压倒西风，语言教育和文学教育就在这种相互想要压倒对方的折腾中走向‘双亏’‘双输’‘双惨’。”[②]现在看来，我的上述判断至少是不全面、不准确的。如果突出了语言教育以致文学教育沦为它的附庸，那么至少语言教育总是会收到一定效果的；反之，文学教育也不会亏到哪里。造成“双亏”“双输”“双惨”的缘由实际上并不是只突出了语言教育或文学教育的语文教育，而是既非语言教育也非文学教育的所谓语文教育。早在1953年，徐世荣先生就曾明确指出：“现在中等学校的语文课包含了文学与语言两部分的教学，……‘联系并进’的理论没人反对；但是在教学实践中，一方面受着同一种科目、

---

① 吕叔湘：《当前语文教学中两个迫切问题》，见顾黄初、李杏保编：《二十世纪后期中国语文教育论集》，四川教育出版社2000版，第383页。

② 王尚文：《呼吁“语文”一分为二》，《语文学习》2004年第4期。

同一册课本、同一个教学时间、同一位教师的限制，一方面又要'语''文'兼顾，'两全其美'，教师们感觉很不好办。……总之，大家都感觉到这种兼顾是很吃力的。"[①]后来，大概连这种不好办、很吃力的感觉也逐渐麻木了，反正根据教材所提供的课文来教就是，教师或教参以为课文有什么可教就教什么，随行就市。由于一般的课文都是所谓的文章，有人还提出了如下理论依据："尽管现在对'文'已有'文字''文章''文学''文化'四种解释，且各有道理，但我们可以取'文章'为代表将四者统一起来。因为，文章是成篇的文字，又可包括文学作品在内，还充当主要载体。把'语文'理解为'话语和文章'是简明而概括的。"[②]但对于语言教育和文学教育来说，"话语和文章"的教学显得有些模糊不清，难以找到语言教育和文学教育各自的身影。

第二是教什么的问题。我以为语言教育要做到科学、系统的汉语知识与典范的汉语言作品双管齐下，并使之相互发明、相得益彰。科学、系统的汉语知识能使学生对汉语有一个较为全面、深入的理性认识，并为培养准确、灵敏的语感打下必要的基础。典范的汉语言作品的阅读、理解旨在提升学生的语感能力，也为汉语知识的学习提供充分的例证。这样，作为语言教育教学形态的阅读教学内容就会有一个比较明确的范围。文学作品也可以成为语言教育的材料，但必须服从语言教育的需要。文学教育

---

① 徐世荣：《中等学校语言教育中的几个问题》，见顾黄初、李杏保编：《二十世纪后期中国语文教育论集》，四川教育出版社2000版，第101页。

② 于亚中、鱼浦江主编：《中学语文教育学》，高等教育出版社1992年版，第22—23页。

的主要内容当然是优秀文学作品的品味、鉴赏，固然也应有必要的文学知识为其辅助，但它主要不是文学知识教学，也不是文学评论教学，而是重在对文学作品中人的生命体验的发现，尤其贵在对自我、对他人的认识、理解，在潜移默化中使自己“变得更好”（巴金语）。这里有一个颇为典型的例子：浙江师范大学胡尹强教授在《名作欣赏》上发表了一篇有关阿Q形象的赏析文章，不久收到四川一位高中生的来信，信中说，我读你的文章之前，读《阿Q正传》，只是简单地认为阿Q是一个非常好笑的人；读了你的文章之后，我再一次看了《阿Q正传》，我重新认识了自己，我发现我就是阿Q，比如我就曾幻想过自己当了皇帝或是有了权势、钱财之后，怎么怎么做。我觉得，与我同处的一些朋友也有类似的心态。[①] 真正的文学教育就应该致力于达到这样的效果。

第三是怎么教的问题。我以为阅读教学、写作教学、口语交际教学都是语言教育的教学形态，它们分别对应于语言教育所要培养的阅读能力、写作能力、口语交际能力。文学教育的主要教学形态是文学作品的鉴赏教学。文学作品的阅读和非文学作品的阅读固然有共通之处，却有各不相同的特质，若以阅读非文学作品的态度、习惯、方法去阅读文学作品，往往就进不了文学之门，更不用说登堂入室了。

总之，语言教育和文学教育有不同的教学理念、教学目标、教学内容、教学原则和教学方法，它们基本上是两股道上跑的车，不能并轨。但实际上，现在不少语文教育工作者头脑里并没

---

① 胡尹强：《把文学作品上成文学课》，《语文学习》2003年第9期，第4—6页。

有真正明确的语言教育与文学教育这两个概念，一些语文教师既不会上语言课，也不会上文学课，只会上一般的所谓语文课。语言教育和文学教育的质量由此可见一斑。关于语文教育的理论研究，我们有太多笼统地研究语文教育的专著和论文，专门研究语言教育或文学教育似乎过少。除了一般的语文教育学，我们还应该有专门的语言教育学和文学教育学。我真诚呼吁汉语学界、文学理论界雪中送炭，给语文教育以必要的关注、支持、指导和帮助，共同来研究如何更好地完成汉语教育和文学教育的任务。

四、语文课程的复合性与语文教师的专业化

语文教师的专业化是提高语文教学质量的根本。语文教育作为专业，是一个双层的上下结构，其基础分别是汉语与文学知识、能力；在基础之上的是汉语教育与文学教育的知识、能力，它是建立在基础之上的上层建筑。基础与“教什么”相对应，上层建筑与“怎么教”相对应。如果基础不牢，上层建筑就必然是“豆腐渣工程”。但是长期以来，确实存在着汉语教育与文学教育均缺乏明确的与之对应的学科专业支撑的状况（众所周知，传统的“语文学”即“小学”并不是语文教育的主要专业基础），有越来越多的语文教师反映，越教越不知道语文应是教什么的了。

新课程改革提倡教师要走专业化之路，其最主要的表现形式和锻炼途径就是“用教材教”，而不是“教教材”。提法当然不错，但是目前语文课程设置的状况将直接制约它的实现。因为教师该“用教材”教什么呢？在语文缺乏对应的学科支持的情况下，教师确是难以找到可教的内容的，或者至少说他是难以为自

己所教的内容找到理据的。那么后果就是，只能反身求诸教材，教材毕竟是确定的，内容也是具体的。于是教材有什么他就教什么，教师想教点儿什么就教点什么，他能教点儿什么就教点什么。他所教内容的专业属性究竟是什么的问题，我们现在的“语文”没有也无法回答。它既不是某种学术积累的成果，也不可能为将来的学术层进进行铺垫，它充其量只是语文教师们的教学实践产物的松散集合。很少有教师清醒地意识到应该教语言、教文学，更极少有教师为自己的某一节语文课定位为语言课或者文学课。一节语文课，教师既不教语言也不教文学，是由来已久的普遍事实。这种现象主要根源于我们对语文课程的知识构成缺乏明确而统一的认定。而这种认定却是语文教师专业化道路的起点。我们很难设想在医生、律师、会计师身上会发生专业知识认定模糊的事情。但语文教学中却不但极为普遍，而且似乎由于从来如此而被认为理所当然。我以为必须改变这种状况，语文课程一定要找到自己的学科支撑，从而建立起科学的语文教育学。假若我们确实意识到语文课程是母语教育与文学教育的复合，那么它的专业基础当然就是“汉语”和“文学”，语文教育学就是汉语教育学与文学教育学的复合。“汉语”和“文学”各自都有深厚悠长的学术积淀，而且它们还正在蓬勃发展，焕发着强烈的时代气息——它们完全可以为语文课程、语文教师提供专业的知识背景。

如果一个语文教师真正意识到自己是教母语的和教文学的，那么他自然会对自己汉语、文学所知甚少的状况而如坐针毡，绝不会因“语文”的囫囵、含混、虚泛而满足于自身知识的囫囵、含混、虚泛了。就文学而言，我的确接触过一些于古今中外的文学名著相当隔膜的语文教师，更为让人不安的是，他们自己对此丝毫没有不安的感觉，反而能找出种种理由理直气壮地为自己辩护。当然，把责任完全算在他们头上是不公平的。

明确语文课程的复合性，不仅能为教师的“用教材教”提供可能空间，也可以为教师的自我学习、自我提高提供明晰的方向。怎样才能成为一名优秀的语文教师？有人提出，语文教师应该是杂家，什么都懂，什么都会。为什么这么说？因为学生是什么问题都可能问出来的，语文教材的内容涉及面广而杂，语文教师只有是个杂家，他才能应付这两者。我以为这个思路有正确的一面，但更有错误的一面。其错误就在于他取消了语文课程在内容上的专业性，就如上面说的教材有什么，他就教什么。遗憾的是，“杂家”说法在很长的一段时间里，在很广的一个范围内成为我国语文教师的取向。为了成为一名优秀的语文教师，很多人什么都要学，备课时凡是教材有所涉及的，他都尽量去了解。我并不反对一个语文教师广学博览，但其广博需以其专为基础。他应该将主要的精力放在专业的学习上，努力首先使自己成为“语言”的教育家或“文学”的教育家，而不是说不清道不明的“语文”的教育家。否则他的“杂”往往就会导致在课程学术含金量上的“稀”或“浅”。由此，我以为新课程改革如果要在实质上促成教师的专业性成长，必须首先考虑语文课程的专业化程度，而语文课程的专业化必须以对语文课程复合性的认定为必要前提。

五、关于语文教学分治的建议

讲到语文课程的复合性特征，很自然地就会让人联想起1956年的语言（汉语）、文学分科改革。它“刚开了头，就煞了尾”，在“昙花一现”“灵光一闪”之后便中途夭折了。它之所以没有进行下去，并不如有的论者所认为的那样是由于这一改革本身的问题，尽管它确实有不成熟、不完善的地方；而是当时的社会环境难以接纳所造成的。时至今日，诚如语文课标研制组所指出的，是分是合“可以再做研究”。我们且来看看张志公开出的三张“处方”：一是“一分为二”，就是把语文一门课程分为“汉语”和“文学”两门课程；二是“一课两本”，即一门语文课设“语言”和“文学”两种教材；三是“一本两线”，即在一本语文课本中分语言教育和文学教育两条线索。[①]这样可以从根本上防止眉毛胡子一把抓，或脚踏西瓜皮——滑到哪里算哪里的现象。

语文课程的复合性典型地体现于初中和高中两个阶段。小学的语文课程与教学有它自身的特点和任务，汉语与文学尚未分蘖，语文课教学生从文学学习语言，由语言学习文学。“语言”和“文学”在中学开始分治之后，各自都有“知识”和“作品”两块：“语言”有汉字汉语知识与典范的汉语作品两块，前者重“语识”，后者重“语感”；“文学”有文学知识与优秀的文学作品两块。无论是语言还是文学，两块均应相互发明、相互为用，且

① 张志公：《语文教学全过程规划的初步设想》，见顾黄初、李杏保编：《二十世纪后期中国语文教育论集》，四川教育出版社2000版，第794页。

都应以“作品”为主。“知识”则不求详尽周全，但要自成系统，切忌零碎、散乱。“语言”和“文学”的教学内容各自在初中和高中也有不同的侧重。语言教育，初、高中一以贯之的共同原则是都以语用为核心（或者说是灵魂），初中侧重语言层面，务必掌握有关文字、语音、词汇、语法等的基本常识与技能；高中侧重言语层面，着重掌握有关言语主体、言语环境、言语作品等的基本知识与能力，还应学点逻辑。关于文学教育中的“知识”，初中以一般的文学常识为主，高中以初步的文学史知识为主。“作品”于初中宜以诗歌、散文、小说等文体分别编排，高中之中国文学部分宜以文学史顺序编排，外国文学宜以作家或作品组织单元。

以上是我个人的初步设想，很不成熟，抛砖意在引玉。

原载《课程·教材·教法》2006年第12期

语文教育呼唤现代化

近些年来，古代诗文似乎越来越受到一些中小学语文教材编写者的偏爱。有的高中课本文言篇目的比重已经占到一半，可有人还嫌不够，主张再加。对此，我深不以为然，写了《“文白并重”是开历史倒车》一文，发表于2004年4月22日的《中国教育报》，引起了争论。对这样的争论，包括对我本人的批评，我都竭诚欢迎。争论有利于引起社会各界对这个问题的重视，也有利于大家在争论中逐步形成共识。不过，迄今为止针对我的众多批评并没有动摇我此前的看法，我现在仍然相信我的基本观点是站得住脚的，符合现阶段中小学语文教学的实际，符合提高中小学语文教学效率和提高中小学生语文实际能力的需要。

中小学语文教学是以学习文言为主还是现代语文为主呢？我认为当然应以现代语文为主。现代语文早已成为每一个中国人日常应用的最重要的语文工具，无论书面还是口头交际，都是如此。从政府的公告、文件到一般的产品说明书，用的全是现代语文；从日常生活交际到我国外交代表在联合国的发言，用的也全是现代语文；现代的哲学、社会科学、自然科学论著和文学作品也几乎都是用现代语文写作或翻译的。鲁迅当年回答“青年应当有怎样的目标”这一问题时说：“一要生存，二要温饱，三要发展。”[①]古代语文尽管可以作为“发展”的一个资源，但和“生存”“温饱”关系都不是很大；而现代语文却是“生存”“温饱”“发展”之所必需。目前，中国社会正处在一个急剧现代化的过程中。语文教育要顺应整个社会现代化的过程，本身也有一个现代化的要求。教育“三个面向”的指导思想能否在中学语文教学中得到体现，在很大程度上就看是否以教学现代语文为主。

有人认为现代语文中小学生不学自会，我以为这是非常片面的判断。自“五四”新文化运动以来，经过近百年的发展，现代语文已经成为一种成熟、精致的语言，它的词汇比文言更丰富，语法更严密，表达也更精确，需要中小学生认真去学。许多优秀的现代语文作品富有很高的审美价值或学术价值，在国际上享有很高的地位，也值得中小学生认真去学。即使仅仅为了达到语文表达文从字顺、清楚明白的起码水准，中小学生也非得下大力气、花苦功夫不可。现实的情况是，很多公开发表的文字离这样的要求也还有不小的距离。而据我观察，出版物上反映出来的国民整体语文水平的下降，还有越来越严重的趋势。且举数例。例一，发表在一本威信很高、影响很大的语文教学杂志上的一篇文章（作者是名牌大学文学院的副教授）

① 鲁迅：《华盖集 · 北京通信》，选自《鲁迅全集》，人民文学出版社1981年版，第51页。

里居然连续出现这样的病句："我以为这一'麻雀解剖'至少体现了中学语文界对这篇文章教学的大体内容"，"基本的解读原则，体验和领会其益处却是无限的"。例二，也是一位大学副教授，他在大学开《道德经》选修课，文章里居然写出这样的句子："据我们的理解，研究《道德经》有三种方法。一种方法就是做学问的方法。第二种方法是客观的研究方法。介于两者之间的就是主客观相结合的研究方法。"难道"客观的研究方法"不是"做学问的方法"吗？"做学问的方法"一定是主观的吗？他能在大学里开《道德经》课，想必文言是通的吧，但其现代语文水平却令人不敢恭维。看来文言的通并不能代替白话的通，要正确掌握白话，还得认真学习现代语文。例三，一位成就卓著、著作等身的语言学家在一本专门研究言意关系的专著中，举例说："《大法官》这部小说写到林子涵与聂小倩去找刚被判处死刑的周士杰妻子邵红谈话时，……"谁被判处死刑？从语句看，当然是邵红，可读到下文才明白被判处死刑的不是邵红，而是邵红的丈夫周士杰。当然这在书里只是一个偶然疏忽，但也可见要把自己心中的"意"准确无误、没有歧义地表达出来并不是一件容易的事。我并没有用放大镜、显微镜专门去找别人的茬子，这些例子都是在日常阅读中信手拈来的。我参与主编的《现代语文》初中读本第一册收有叶圣陶先生《稻草人》的部分原稿与改稿的对比，原稿确实有语句不通畅、表达不准确的毛病，改稿明显好多了。作家、学者尚且要学，中小学生不学行吗？联合国原子能机构负责人巴拉迪，"当他要写一份讲稿或一篇文章时，这位老练的法学家会让下属依次传阅草稿，直到每个词都恰如其分——有时甚至会修改25个版本。一个词就可能决定战争或和平，他十分清楚这一点”[①]。我们日常的读写听说，关系虽然没有那么重大，但也马虎不得。作为一个现代人，现代语文非过关不可。

与此同时，中小学生也需要学习一部分优秀的古代诗文。作为一个现代中国人，如果对我们的古代优秀文化一无所知，也是我们教育的一个难以饶恕的失误，只是不能把继承发扬我们传统文化的担子全都压到中小学生的肩上。要承担起继承发扬传统文化的任务，必先学通文言，这是一个不可或缺的前提。吕叔湘先生早在1962年就曾指出：“在充分掌握了现代汉语的基础上，学习文言，达到能读一般文言的程度，我估计至少得五六百课时，差不多要占去高中阶段全部语文课的学习时间，课外作业时间还不算。”[②]而现在高中语文课程的全部教学时间还不到五百个课时。在这样一个有限的课时安排中，要让多数学生同时学通、学好现代语文和文言文，我以为几乎没有可能。我总觉得我们对中小学生学习文言文的要求太高了，对大学中文系学生的要求则太低了，而大学中文系学生于继承发扬古代文化传统应当说比中小学生有大得多的责任。

现在不少中学生厌学、怕学文言文，这是不得不承认的事实。中学里有的篇目确实太难了。如《季氏将伐颛臾》，为什么颛臾“昔者先王以为东蒙主”就不该讨伐，这牵涉到大量的背景

① 葛军：《核卫士——巴拉迪》，《世界知识》2005年第1期，第15页。

② 吕叔湘：《谈语文的学习和教学》，选自《吕叔湘论语文教学》，山东教育出版社1987年版，第41页。

知识。“无乃尔是过与？”中的“是”该怎么理解，也是一个解决起来吃力而不讨好的难题。不少古诗文作品本身只是露出水面的冰山一角，底部大得很、深得很，花了许多时间，费了许多心血，勉强弄懂了，也是得不偿失。删去像《季氏将伐颛臾》这样的篇目，以减轻他们的负担，有什么不好？我主张学一点古代诗文，这“一点”必须好中取好，这个“好”，不仅文章本身是好中之好，还要看是否易于中学生接受。

北京市著名特级教师韩军先生是主张多学文言的，他说“没有‘文言’，我们找不到回‘家’的路”。我和韩先生20世纪90年代末在北京曾有一面之雅，去年7月间我们一起参加了山东齐鲁电视台举办的关于文言文教学的电视讨论会，我对他说：“你要回去的那个家，不但没有电灯、电话、电视、电脑、自行车、汽车、火车，也没有自由、民主、平等、人权、法制，你受得了吗？你一定要回那个家，我也没办法，但你要把我们广大中小学生都领回那个家，可千万要慎重啊！”在讨论会上，我还送他一首《鹧鸪天》：

历纪依然衣袖香，京华握手未能忘。三春桃李心魂绕，九曲江河风雨狂。

邀海岳，话沧桑，百年论战意深长。闻君欲觅回家路，愿向前方迎艳阳。

人是符号的动物、语言的动物。言，心声也。马克思就说过：“语言是思想的直接现实”，“语言是一种实践的、既为别人存在并仅仅因此也为我自己存在的、现实的意识”[①]。语言的差异，意味着世界观的差异，思想观念、思维方式、生活方式的差异。文言和白话的差异，从根本上说是古代意识和现代意识的差异。对此，严复在翻译《天演论》过程中有深切的体会，他说：“新理踵出，名目纷繁。索之中文，渺不可得；即有牵合，终嫌参差。”[②]乌申斯基说得好：“现代社会的智慧并非蕴涵在古代的语言里，而是蕴涵在最新的语言中。”[③]显然，我们要在中小学生身上培养的是他们作为现代公民所必须具备的现代意识、现代思维和现代智慧，这种现代意识、现代思维和现代智慧不在文言中，而在白话中。在山东齐鲁电视台的那场讨论会上，一位中学生说得非常到位：“一代一代的人离开文言越来越远，而不是越来越近，这是历史发展的必然。”我们的家在前方！

原载《中华活页文选》（教师版）2005年

① ［德］卡尔·马克思，弗里德里希·恩格斯：《马克思恩格斯选集》（第一卷），中共中央马克思恩格斯列宁斯大林著作编译局编译，人民出版社1972年版，第35页。

② 严复：《天演论·译例言》，王栻编：《严复集》，中华书局1986年版。

③ ［俄］乌申斯基：《乌申斯基教育文选》，郑文樾编，张佩珍、冯天向、郑文樾译，人民教育出版社1991年版，第250页。

言语的形式与内容

彩虹，是美好的自然现象；在诗人眼里，它也许是一个美好的生命体，能歌善舞，即使沉默着，仿佛也在沉思，想对人们说点儿什么。我们看彩虹，看到的只是它的样子，它的形状、色彩。任谁也没有办法把它和它的形状、色彩分离开来。实际上，彩虹只是空气里的细小水珠，弯弯的形状、七彩的颜色只是它的形式；但这形式太重要了。我们甚至可以说，它就是它的形状、色彩；失去了它特定的形状、色彩，它就不是彩虹了。可见，形式并非可有可无、无关紧要的东西。

言语作品也有它的内容——说什么和形式——怎么说。和彩虹一样，它们的内容和形式相互依存，难解难分。我们人类有能力开出一条巴拿马运河把美洲分成南北两个部分，却没有办法把一篇言语作品的内容与形式给分割开来。两者天然地统一在一起，谁也离不开谁，谁也不能没有谁。我这里说是“两者”，其实只有一个东西，即一篇言语作品本身。盐水是盐+水，我们可以通过蒸馏的方法把盐水分成盐和水，同样，我们也可以把盐和水混成盐水。言语作品就不一样了，它绝对不是内容与形式的相加之和，因为本来就不存在可以脱离形式而单独存在的内容，也不存在可以脱离内容而单独存在的形式，它们是共生共灭的。那又为什么说是“两者”呢？说是“两者”，只是指我们去看言语作品的人在自己的脑子里（也就是说不是在客观上）从不同的侧面去关注一篇作品的不同结果。有人有时侧重“说什么”，有人有时侧重“怎么说”。当然，在实际上，关注“说什么”离不开“怎么说”，反过来也一样。——甚至我们可以进一步认为，“说什么”其实就是“怎么说”，“怎么说”其实就是“说什么”。因为言语形式实现言语内容，言语内容生成于言语形式。

语文品质的评价对象就是“怎么说”的言语形式，评价某一言语作品说得是否清通、适切、准确、得体，说得是否具有美感。做出这样的评价，先得了解这篇作品是怎么说的，再来看它说得通不通、好不好，等等。

言语形式指的其实就是文本中字与字、字与句、句与句、句与段、段与段的关系。文字是文本之本，除了文字和标点，文本就一无所有，成了“天书”，变得毫无价值。但文本又不是一堆文字与标点的胡乱堆砌，而是文本作者有意调遣、组织的结果，也就是我们大家常说的遣词造句、谋篇布局这一过程的终端产品。我们汉语所说的字，其实就是现代语言学所说的词，虽不能绝对地说全是，但至少极大部分是。写作文本，就是通过遣词造句创造一种字与字、字与句、句与句等的关系；阅读文本，需要准确理解在一定关系中的这一个字以及与其他字、与所处的这个句子等的关系。字本有字形、意义、声音、色彩，进入一定的关系之后，除了字形，都有可能发生某种变化；句子也一样。无论是写作还是阅读，必须接触、咀嚼、品味、揣摩、感悟文本的文字所生成的言语形式，如果剔除了“咬文嚼字”作为成语所含的贬义，用这四个字来形容品读一篇作品言语形式的过程，真是再恰切不过了。文本如何运用语言文字，它为什么要这样运用，效果如何，非细细咬嚼不可。

评价先得理解，理解错了，评价也就必然出错。例如李白的《将进酒》之“将”是“请”的意思，应读作qiāng；如果你视同“将要”的“将”，你就很可能认为不通不好；实际上不通不好的不是它而是你。刘永翔教授曾以其所著《蓬山舟影》见赠，其中就有两个非常典型的例子。一是李贺诗“主父西游困不归，家人折断门前柳”。王琦注曰：“谓攀树而望征人之归，至于折断而犹未得归，以见迟久之意。”刘永翔教授以为这“不过是臆说而已”，“断”应训为“尽”——“攀树而望征人之归，至于折断而犹未得归”，并不尽合情理，他断言，所攀断者绝非树干而是树枝，折断其枝，何其易也，与上句“困不归”之久不相匹配，只有训为尽方可。[①]二是南宋敖陶孙的名篇《洗竹简诸公同赋》，敖诗开首云：“舍东修竹密如栉，一日洗净清风来。”《宋诗鉴赏辞典》的赏析说：“一日，阵雨乍停，修竹苍翠如洗，另有一番明净清新的景象。他们……满心欢喜地观赏着这被洗净的、青翠欲滴的丛竹。”刘以为“详其文意，明显是将‘洗竹’理解为竹子被雨水所洗了。此解美则美矣，奈‘美而不信’何！”“‘洗竹’是指砍去一些有病或形状不佳的竹子。”说的是一片茂盛的竹林

① 刘永翔：《蓬山舟影》，汉语大词典出版社2004年版，第245页。

因砍去一些而由密变疏，从而清风得以自由吹来。只有这样说才通畅贴切。[1]

理解，除了字的音义，句读也是一个必须重视的问题。《史记·项羽本纪》写刘邦来鸿门赴宴时和项羽的一段对话，不少本子都是这样标点的：

> 沛公旦日从百余骑来见项王，至鸿门，谢曰："臣与将军戮力而攻秦，将军战河北，臣战河南，然不自意能先入关破秦，得复见将军于此。今者有小人之言，令将军与臣有郤。"项王曰："此沛公左司马曹无伤言之；不然，籍何以至此。"

其实刘邦的一套花言巧语是事前精心炮制的，在"令将军与臣有郤"以后一定还有我是如何焦急地盼望将军前来等剖白"心迹"的话语。但项羽没有等他说完，便抢过话头，告诉刘邦"此"是由谁造成的。所以有的版本在"有郤"之后合情合理地加上了一个省略号。这六个小圆点点出了项羽当时说话的神态，也点出了项羽心直口快的性格，与刘邦的狡诈圆滑形成了鲜明的对比。我想太史公地下有知，也会点头肯定的。有无这六个小圆点，其语文品质要相差一个档次。顾随在《驼庵文话》中指出：

> "苍山负雪明烛天南望晚日照城郭汶水徂徕如画"——

---

① 刘永翔：《蓬山舟影》，汉语大词典出版社2004年版，第248页。

姚鼐《登泰山记》句。今课本点句或作“苍山负雪，明烛天南……”，非也。首句乃七字，“苍山负雪明烛天，南望晚日照城郭，汶水徂徕如画”。盖汶水、徂徕在泰山南。

不像散文的散文句，特别有劲。“南望”几句似词。文中无此句，涩，涩比滑好。[①]

古代没有标点符号，对语文品质的负面影响极大。白话文运动带来新的标点方法，大大提高了语言表达的质量，功德无量！

从字音、字义、句读开始，还得向前走，进一步着眼于上文所说文字间的种种“关系”。所谓“关系”，大体上可分为两种。一种是显性的文内整体与局部、局部与局部之间的关系，即字与字之间、字与句之间、字句与段之间、句与句之间、段与段之间等的关系。退休前，我教研究生读苏诗，《六月二十日夜渡海》中“空余鲁叟乘桴意，粗识轩辕奏乐声”，有一苏诗选本解释道：“这两句意思是自己徒然有孔子当年乘桴远游的意味，但没有孔子那样的学问，只是粗通汉族的礼乐文化罢了。”[②]如果能够联系题目中的“渡海”一词，就可知道“空余”句说的是自己已渡过琼州海峡回来了，不可能再“乘桴浮于海”了。联系上下文便可知道“粗识”句讲的是诗人在岭外生活期间，对于“洞庭之野”的“轩辕之乐”，多少是有些认识的。这里的“轩辕之乐”，并非“代指中原文化”，而是指海南地方文化，表达了他对海南的留

① 顾随：《顾随全集3》（讲录卷），河北教育出版社2000年版，第325页。

② 刘乃昌：《苏轼选集》，齐鲁书社1980年版，第140页。

恋。他曾有句云“桑下岂无三宿恋”，何况在海南他已生活七年之久。如果是代指中原文化，似乎又谦虚过头了，而且句意也完全游离于整首诗之外。

另一种是文本外各种相关因素的关系。这又可以分为两个系统。一是文本系统，即该文本与相关诸文本的关系；二是环境系统，即该文本与其所由生成的环境关系。前者如上举苏诗与“道不行，乘桴浮于海”（《论语·公冶长》）、“帝张咸池之乐于洞庭之野”（《庄子·天运》）的关系；此外如《孟子》的“狗彘食人食而不知检，涂有饿莩而不知发”与《史记》的“君之后宫以百数，婢妾被绮縠，余粱肉，而民褐衣不完，糟糠不厌”，与《淮南子》的“贫民糟糠不接于口，而虎狼熊罴厌刍豢；百姓短褐不完，而宫室衣锦绣”，与杜甫的“朱门酒肉臭，路有冻死骨”的关系；再如果戈理的《狂人日记》和鲁迅的《狂人日记》的关系；等等。后者如《语文学习》2005年第6期聂伟先生的《发掘经典的“今点”意义》一文介绍了郭建教授研究《水浒传》的心得。《水浒传》中“吃”牛肉“代表了造反精神”，确实让人有“别开生面”的感觉。如果一味咬嚼那些描写吃牛肉的文字本身，再咬再嚼也难有什么新鲜的滋味。语言的运用总是和当时当地的惯例、习俗等有着内在的联系。文本的语言是露出海面的岛屿，在海面之下还有它更深更广的“基础”，不能把语言这岛屿误会成仅仅是浮在水面的船只。为了更准确、更深入地感受露出水面的语言，探寻它隐在水面之下的“基础”，理清文本与其所由产生的环境中政治、经济、文化等各方面因素的关系，确实是非常必要的。

对一篇作品语文品质做出准确的评价，比较也许是较为可靠的方法。乌申斯基说得好："比较是一切理解和思维的基础，我们正是通过比较来了解世界上的一切的。"民谚有云："不怕不识货，就怕货比货。"比较的材料有多种来源，这里姑且举出如下几种。一是作品初稿与定稿的比较。例如，古人将"横出数枝春"改成"横出一枝春"，鲁迅将"怒向刀边觅小诗"改成"怒向刀丛觅小诗"，类似的例子多了去了。叶圣陶的《稻草人》，其初稿第一句为"他正思想时，一个小蛾飞来了，是黄白色的小蛾"；最后改定为"稻草人正在想的时候，一个小蛾飞来，是灰褐色的小蛾"。"想"当然比"思想"好，"黄白色"，是黄中带白，还是白中带黄，还是黄白间杂？难以确定；改为"灰褐色"就明确了。戴望舒《烦忧》有初稿和定稿两个版本，初稿是：

说是寂寞的秋的悒郁，
说是辽远的海的怀念。
假如有人问我的烦忧的原故，
我不敢说出你的名字。
我不敢说出你的名字，
假如有人问我的烦忧的原故：
说是辽远的海的怀念，
说是寂寞的秋的悒郁。

定稿是：

说是寂寞的秋的清愁，
说是辽远的海的相思。
假如有人问我的烦忧，
我不敢说出你的名字。
我不敢说出你的名字，
假如有人问我的烦忧：
说是辽远的海的相思，
说是寂寞的秋的清愁。

两者的优劣可谓一目了然，而其差异也就不过几个字而已，但两者的语文品质却不可同日而语。诗人西渡说得好："一字之易，可以拯救一首坏诗，也可以毁灭一首好诗。因此，好诗与坏诗的距离单位是以字来计算的。"[①]诗如此，文不也一样吗？

二是外文作品不同汉译的比较。英国诗人布莱克的一首诗，据我所知有如下三种不同的汉译：

天真的预示（梁宗岱译）

一颗沙里看出一个世界，一朵野花里一座天堂，把无限放在你的手掌上，永恒在一刹那里收藏。

天真的预言（宋雪亭译）

在一粒沙子里看见宇宙，在一朵野花里看见天堂，把永恒放进一个钟头，把无限握在你的手掌。

① 西渡：《好诗与坏诗的距离》，《诗选刊》2001年第10期。

天真的预言术（张炽恒译）

在一颗沙粒中见一个世界，在一朵鲜花中见一片天空，在你掌心里把握无限，在一个钟点里把握无穷。

比较三种译文，我们发现有这样一些差别。一二两句，梁译与张译，把“一颗沙（粒）”与“一个世界”、“一朵野（鲜）花”与“一座天堂（一片天空）”并举，对比强烈；宋译因“宇宙”“天堂”之前没有相应的数量词，对比的色彩就偏弱了。第二句，梁译宋译与张译差别较大，“野花”与“鲜花”有别，“天堂”与“天空”相去更远。说“在一朵野花里看见天堂”，合情合理，而说“在一朵鲜花中见一片天空”，就有些匪夷所思了。三四两句，梁译与张译语序相同，宋译为了押韵，语序做了调换。梁译宋译说“手掌”，张译说“掌心”，两者有细微的差别；梁译说“永恒”“一刹那”，宋译说“永恒”“一个钟头”，张译说“无穷”“一个钟点”。这三种并举的方式，一经比较，就可以知道何者更为自然，更为妥帖。

还有就是古代诗文不同今译的比较。且以《诗经·关雎》第二章“参差荇菜，左右流之。窈窕淑女，寤寐求之”为例，查到如下今译：

1.“长长短短鲜荇菜，顺流两边去采收。善良美丽的少女，朝朝暮暮想追求。”

“追求”加一“想”字，总觉没有到位。

2.“长短不齐水荇菜，左右采摘忙不停。美丽贤良的女子，做梦也在把她思。”

一二两句不押韵，不够味；“把她思”“今”味不足。

3.“荇菜长短不齐，左边找右边找。姑娘美丽又善良，从早到晚追求她。”

四句长短不齐，且第一句是“222”的节奏，如第二句也一样，感觉会好一些。

4.“水荇菜参参差差，采荇菜左采右采，好姑娘苗苗条条。哥儿对她昼思夜想。”

不押韵，且第四句与前三句不合拍。

5.李长之译文：“水里荇菜像飘带，左边摇来右边摆，苗条善良小姑娘，睡里梦里叫人爱。”

灵动可爱，微觉最后一句味道还差那么一点点。

6.余冠英译文：“水荇菜长短不齐，采荇菜左右东西。好姑娘苗苗条条，追求她直到梦里。”

看来，冠军非它莫属了。尤其是末句“追求她直到梦里”，意思精准完足，语言富于诗意，说它胜过“朝朝暮暮想追求”“做梦也在把她思”“从早到晚追求她”“哥儿对她昼思夜想”“睡里梦里叫人爱”，想必大家都会赞同的吧。从比较中，我们对言语形式的感受力、理解力的确能够更好更快地提高，才能对它的语文品质做出较为准确的评价。

三是自编相似的语料进行比较。首先增减词语比比看。《差不多先生》:“差不多先生差不多要死的时候……”若减去第二个“差不多”就成了“差不多先生要死的时候……”。两者一比，就会发现第二个“差不多”的表现效果，有了它，就多了一份对“差不多先生”调侃、嘲笑的意味，一删就变得干瘪无味了，千万删不得。“差不多先生的相貌和你和我都差不多。”若在“我”之后加上“和他”两字，一比就会发现字数虽然增加了，意思却并没有增加，反而丧失了和“你”娓娓而谈的亲切感。真正的好文章总是“增之一字则太繁，减之一字则太简”；太简太繁失之于一字之增减，而一字之增减则可能就是语文品质优劣的汉界楚河。

还有就是变换词语比比看。朱自清的《匆匆》:

> 去的尽管去了，来的尽管来着；去来的中间，又怎样地匆匆呢?
>
> ……天黑时，我躺在床上，他便伶伶俐俐地从我身上跨过，从我脚边飞去了。但是新来的日子的影儿又开始在叹息里闪过了。

“跨过”能否换成“闪过”呢？同样，“闪过”能否换成“跨过”呢？“去的尽管去了，来的尽管来着；去来的中间，又怎样地匆匆呢？”“匆匆”能否改为“快速”“匆忙”“迅捷”之类的词语呢？

再来换种句式比比看。《皇帝的新衣》中那个大臣不但并没有看见皇帝的新衣，还发现他原来光着身子，于是惊叹道：“难道我是愚蠢的吗？……难道我是不称职的吗？”这两个反问句能否改成“我当然不是愚蠢的！……我当然不是不称职的！”？——一比，就觉得原句表现大臣的心理更贴切自然。此外，比较的方法尚多，不再一一列举。

我们常常可以在课本或教学参考书上看到“好词好句”“用优美词句表情达意”这种说法。它其实暗含这样一个前提：词句有优美与不优美的分野。这个问题值得认真讨论一下。我们可以说某一篇文章“语言优美”，这是着眼于整篇文章的语言风格所做的评判，自无不可；但却不能由此得出结论说，词句，尤其是词本身，可以分为优美与不优美两类。先说句。句子能够表达一个完整的意思，有相当的独立性，某一个句子文质兼美，我们常常就会说这是一个好句子，如“先天下之忧而忧，后天下之乐而乐”，等等，这自然合情合理。但句子的独立性是相对的，它往往不能脱离它所在的语言环境而存在，特别是不能脱离它所在的语言环境而去评判它的好与不好。例如“只有敬亭山”这个句子，倘若离开《独坐敬亭山》这首诗的整体，很难说好。光提所谓“好句”，显然有片面性。再说词。它一般没有独立表情达意的能力，它本身固然有“贬义”“褒义”的区别，但“贬义”“褒义”和我们一些教师所说的“好词”等是两个概念。任何一个词，只要用对地方，都可能产生优美的美学效果，正如袁枚所说：“夕阳芳草寻常物，解用多为绝妙词。”任何一个看似最最寻常的词，只要能够“安排在最适当的位置”，它都有可能发挥出意想不到的巨大力量。“肥”“瘦”这两个词好不好？难说！如果离开了“怎么用”“用在什么地方”，我们就根本无法判断。李清照：“……知否，知否？应是绿肥红瘦。”就用得非常好。“移”这个词好不好？“移来移去”好不好？恐怕难以说好吧？汪曾祺在《普通而又独特的语言》中说：“阿城的小说里写‘老鹰在天上移来移去’，这非常准确。老鹰在高空，是看不出翅膀搏动的，看不出鹰在‘飞’，只是‘移来移去’。同时，这写出了被流放在绝域的知青的寂寞的心情。”总之，某一个词好不好本身就是一个伪问题，压根儿就不应该这样问。

总之，语文品质评价的就是言语作品的言语形式，即语言表达是否通顺、流畅、清楚、明白，有否歧义，是否洁净，是否准确、得体等等；更高的要求就是是否具有美感。一篇具有极高语文品质的作品，总是能给读者以美的享受，就像那挂在天边的彩虹！

原载《语文教育一家言》（王尚文著），
漓江出版社2012年版。
原题《给力言语形式》

言语形式与言语主体

《孟子·公孙丑》云："我知言，我善养吾浩然之气。"气是体现言语主体个性的精神状态，孟子认为它是言的根本。曹丕在《典论·论文》中又说："文以气为主"，韩愈在《答李翊书》中又进一步发挥道："气，水也；言，浮物也。水大而物之浮者大小毕浮，气之于言犹是也。气盛则言之短长与声之高下者皆宜。"言实际上就是言语主体之气对言语表述对象的渗透与把握，既体现于言语内容，更体现于言之长短、高下等的言语形式。苏轼酷爱陶诗，一一写了和作，如《和陶答庞参军六首》，纪昀曰："此六章全用单行法，虽有陶之面目，却非陶之气骨。陶命意虽极高远，行笔无此受用，此苏与陶之所以分也。"[①]"行笔"即言语形式，不同的"气骨"体现于不同的"行笔"。面对相同的表述对象，表述相似的言语内容，一个富于书卷气的人，一个满是学究气或市侩气的人，不同的个性就主要体现于不同的言语形式。内容可以模仿、抄袭、作伪，但其形式却往往烙印着言语主体的精

---

① （宋）苏轼：《苏轼诗集》第七册，中华书局1982年版，第22—23页。

神个性。言语形式是言语主体心灵的眼睛。《红楼梦》第七十四回写宝玉看了《桃花行》，“并不称赞，痴痴呆呆，竟要滚下泪来”。宝琴让他猜是谁做的，宝玉一猜就中：“自然是潇湘子的稿子了。”宝琴骗他说是她做的，宝玉道：“我不信！这声调口气，迥乎不像。”如果仅仅着眼于内容，宝玉就未必能如此迅速地做出判断，判断尤其未必正确。言语的内容固然也有言语主体个性的投影、心灵的映现，但言语的形式更能真实地表现出一个人的心灵世界、精神个性。

个人言语形式的独特性构成个人言语的风格。关于风格，马克思曾引用布封的名言，说：“真理是普遍的，它不属于我一个人，而为大家所有；真理占有我，而不是我占有真理。我只有构成我的精神个体性的形式。‘风格就是人。’”[①]不同的人表述同一真理可以具有不同的风格，这不同的风格不是体现于所表述的真理，而是体现于用以表述的言语形式，因为只有它能准确无误地呈现出“我的精神个体性”。布封的原话也是这个意思，他说：

> 只有写得好的作品才是能够传世的。作品里面所包含的知识之多，事实之奇，乃至发现之新颖，都不能成为不朽的确实保证；如果包含这些知识、事实及发现的作品只谈论些琐屑对象，如果他们写得无风致，无天才，毫不高雅，那

---

① ［德］卡尔·马克思，弗里德里希·恩格斯：《马克思恩格斯全集》（第一卷），中共中央马克思恩格斯列宁斯大林著作编译局编译，人民出版社1965年版，第7页。

> 么，它们就会湮没无闻的。因为，知识、事实和发现都很容易脱离作品而转入别人手里，它们经更巧妙的手笔一写，甚至于会比原作还要出色哩。这些东西都是身外物，风格即是本人。[①]

“身外物”与“本人”相对，被指为“身外物”的这些东西显然是指作品所包含的知识、事实与发现。风格不是也可以“转入别人手里”的“身外物”，而是仅仅属于本人的作品写得怎么样的形式，即马克思所说的“构成我的精神个体性的形式”。像卡夫卡的语言，质直平易，甚至有些平淡，似乎漫不经心，简直很难找到一个漂亮、华丽、动听的形容词，始终透露出一种冷淡甚至厌倦的苦涩，这就是风格。与言语内容相比，“本人”的精神风貌往往在言语形式中体现得更真实、更具体、更生动、更明显。

言语主体只要一开口说，一下笔写，他本人就已在介入他所说所写的对象，他的精神个体性就已介入一定的言语形式。不是介入与否的问题，而是出于什么动机、目的，介入什么样的思想、情感和以什么方式介入的问题。就言语主体介入的方式而言，大致有明、暗两种。“明”者，往往带有“我以为”“我感到”“在我看来”“平心而论”等这类插入语。鲁迅先生在《魏晋风度及文章与药及酒之关系》结尾说：“据我的意思，即使是从前的人，那诗文完全超于政治的所谓‘田园诗人’，‘山林诗人’，

---

① ［法］布封：《论风格》，《译文》1957年第9期，第146—152页。

是没有的。完全超出于人世间的，也是没有的。”这就是明介入。其实鲁迅先生统篇所讲的全是“我”的意思，特别标出“据我的意思”，意在强调而已。下文虽然没有插入“我认为”等，说的难道不也是鲁迅先生自己的见解吗？所谓“文责自负”，那些没有标明“我认为”等的，其责也都在自负之列。——即使没有标出这类插入语的，作者其实也介入了，只不过是“暗”介入。“暗”者又有自觉与否的区别。或曰：“‘《红楼梦》的作者是曹雪芹’，我这一句话说的是铁的事实，我只是把这一铁的事实客观地端出来而已，我并没有介入我自己的任何看法。”其实在这一句话中，说者也介入了，只是不自觉而已。因为客观上还有人认为《红楼梦》的作者不是曹雪芹，而是“石兄”，或是曹雪芹的父亲，或是他的叔叔，或是纳兰性德，或竟是集体创作，等等。你以为是铁的事实，别人却以为一点也不“铁”。“《金瓶梅》的作者可能是王世贞。”比起前一句来就由“可能”一词较为明显地表明了说者介入的自觉性。被指为事实者有时却未必是，1992年“中国质量万里行”活动中不是查出了赫然印着出厂日期是1993年某月某日的商品吗？制作者难道没有介入吗？而且十分自觉。不过，也确有所说是铁的事实的言语作品，如朱熹《记孙觌事》云：“靖康之难，钦宗幸虏营。”但也只是包含了事实而已。“钦宗幸虏营”这一言语形式，朱熹就介入了自己的观念——“幸”乃皇帝主动驾临某地，钦宗被俘而囚于虏营能说是“幸”吗？当然不能，但朱熹要为尊者讳，只能说得这么可笑。其实“钦宗被俘而囚于虏营”也不是历史事实本身，而是对这一历史事实的描述，也已介入了某种观念，“虏”这一词就泄露了其中的奥秘。当然科学著作总是力图消除这种主观性，努力使之趋向于零，但这也不易做到，除非是一些数学公式。

下面着重探讨言语主体的动机、目的和言语主体的认识、情感这两个方面与言语形式的关系。

（一）言语主体动机、目的与言语形式

恩格斯说："在社会历史领域内进行活动的，全是具有意识的、经过思虑或凭激情行动的、追求某种目的的人；任何事物的发生都不是没有自觉的意图，没有预期的目的的。"[①]人们的言语行为基本上也是这样。英国哲学家奥斯汀就认为言语交际的基本单位不是句子或其他什么语句，而是完成如肯定、请求、提问、命令、感谢、抱歉、祝贺等一定类型的言语行为。言语行为的动机与目的又有所区别。动机是言语行为的直接驱动力，由需要转化而来，表现为一种意向。目的则是预期的效果，总是超前的、自觉的。言语行为不可能没有动机，尽管有时连言事主体也未必自觉地意识到它；但却可能没有明确的目的。如曹禺的《雷雨》：

鲁　贵（严重地）孩子，你可放明白点，你妈疼你，只在嘴上，我可是把你的什么要紧的事情，都放在心上。

鲁四凤（明白他有所指）您又要说什么？

鲁　贵（四面望了一望，逼近四凤）我说，大少爷常跟我提起你，大少爷，他说——

---

① ［德］卡尔·马克思，弗里德里希·恩格斯：《马克思恩格斯选集》（第四卷），中共中央马克思恩格斯列宁斯大林著作编译局编译，人民出版社1972年版，第243页。

鲁四凤（管不住自己）大少爷！大少爷！你疯了！——我走了，太太就要叫我呢。

鲁四凤说“大少爷！大少爷！你疯了！”时就没有预期的目的，而是全凭一时的感情冲动说出来的。人们平常说话常有目的，但并非全有目的；写作时则几乎全有目的。无论动机、目的，都会对言语形式产生这样或那样的影响。例如鲁贵所说“大少爷常跟我提起你，大少爷，他说——”一句中后一“大少爷”不说也绝不影响意思的表达，而鲁贵之所以要这样说，并非由于他说话啰唆，而是为了利用女儿的隐私（即她和大少爷之间的暧昧关系）来进行要挟。这就使得四凤更加讨厌父亲，正是出于这种讨厌的动机，她自然而然地把“您”变成了“你”。

动机、目的对言语形式的影响，可分深层和浅层两个方面。深层方面是指动机、目的造成言语对象的“战略性”转移，言语形式并不是依据动机、目的直接指向对象，而是绕着道走。如上例，鲁贵说话的动机、目的都是要钱，但他并不直话直说，而是先说他如何关心她，还拉出她的母亲做“陪衬人”；接着又暗示他已知道她和大少爷之间的隐私，始则动之以情，继则趁机要挟，最后“图穷匕首见”。《孟子·梁惠王》：

梁惠王曰：“寡人愿安承教。”孟子对曰：“杀人以梃与刃，有以异乎？”曰：“无以异也。”“以刃与政，有以异乎？”曰：“无以异也。”曰：“庖有肥肉，厩有肥马，民有饥色，野有饿莩，此率兽以食人也。兽相食，且人恶之，为民父母，行政，不免于率兽而食人，恶在其为民父母也！”

孟子所以教梁惠王者，无非指出梁惠王不该率兽以食人，而要施行仁政。内容虽好，确是金玉良言，但若不讲究话怎么说的言语形式，一开始就和盘托出，梁惠王恐怕就难于接受，于是孟子采取了战略转移的委曲形式，像古人所说的由浅入深、由粗入细、由外入内、由客入主，渐渐剥出，步步逼近，最后才说出要说的中心。梁惠王先是随着孟子的战略转移而转移，终于落入孟子预设的埋伏，不能不同意他最后的结论。

浅层方面是指动机、目的对言语形式的“策略性”影响。巴尔扎克笔下的守财奴葛朗台说话明明流畅得很，但与商人谈生意时就装出口吃的样子，特别是在报价时结巴得更加厉害，一句话分成几段来说，并尽量延长其间相隔的时间，以便利用这点时间察言观色，随时修改下面的数字。如果说这是“外科手术”，更多的则是“内科手术”。首先是言语形式的繁简。大家都很熟悉顾炎武在《日知录·文章繁简》中关于“辞主乎达，不论其繁与简也”那段议论。他的见解很是精辟，只是“达”尚嫌抽象含混，不如着眼于以言语主体的动机、目的来衡量更为具体明确。其中引自《公孙丑》的前面那一段，作者的目的在于明意，“此不须重见而意已明”，自然以简为宜；如果所引后面两段的目的是在于告诉读者发生了什么事，我看顾炎武所假设的《新唐书》的写法也无不可，“两言”其事已明，何必重现；但若以尽情事的目的来衡量，自然是《孟子》的原文好多了。孟子文章之妙，与其说是“达”，还不如说是“宜”——言语形式适合于言语目的。其次是遣词造句的方式方法。《左传·成公十三年》，晋侯派吕相去和秦国绝交，发表了一篇外交辞令。其中讲到晋国对秦国的好处时，把小事写得像大事："文公躬擐甲胄，跋履山川，逾越险阻，征东之诸侯，虞、夏、商、周之胤而朝诸秦……"前面连用三句排比，极大夸张晋文公如何劳苦；下文不说诸侯小国，却说成是"虞、夏、商、周之胤"，尽量突出晋文公如何功高，以达到把绝交的责任推给对方的外交目的。[①]《红楼梦》第四十二回写鸳鸯的嫂子有"好话儿"要告诉鸳鸯，被她好骂一顿。她嫂子"脸上不下来"，因平儿、袭人在场就说道：

> 愿意不愿意，你也好说，犯不着拉三扯四的。俗语说的好："当着矮人，别说矮话。"姑娘骂我，我不敢还言；这二位姑娘并没惹着你，"小老婆"长，"小老婆"短，人家脸上怎么过的去？

她显然是出于恶意挑拨的目的才从鸳鸯的话中特别拣出"小老婆"来，并以"'小老婆'长，'小老婆'短"这一形式加以强调，从而"调唆"平儿、袭人。如果她真要提醒鸳鸯"当着矮人，别说矮话"，就决不会当着"矮人"再提"矮话"，更不可一次又一次地重复鸳鸯所说的"矮话"。此例非常典型地说明了比之言语内容，言语形式更能反映出言语主体的动机、目的。

---

① 周振甫：《文章例话》，中国青年出版社2006年版，第181—182页。

（二）言语主体的认识、情感与言语形式

语言是人的生命活动、心灵活动，正如池田大作所说："一句话具有一颗心。"[①]心在言语中的呈现状况是相当复杂微妙的，或直接或间接，或自觉有意或情不自禁，纵横交错，千姿百态。从言语形式看，言语主体独特的思想情感无论如何都是一个主要的制约因素。

《阿Q正传》："'你们可看见过杀头么？'阿Q说，'咳，好看。杀革命党。唉，好看好看，……'"说杀头好看的未必就是阿Q，说杀革命党好看的未必完全是阿Q，但在这一句话的特殊形式（如开头的问句，两个叹词，三个"好看"以及错乱的语序等）中，却可以让人分明看到阿Q的身影，在那份得意，那种夸张，特别是那逗引别人注意的炫耀中，阿Q正向我们走来，而不大可能是别人。他这就是情不自禁，直接流露。也有的是曲折的、间接的。如小仲马的名剧《私生子》结尾父子俩的对话：

"当我俩单独在一起时，你一定会允许我叫你儿子的。"

"是，叔叔。"儿子答道。

儿子的答话虽然只有三个普普通通平平常常的字，但却极为奇妙独特，在恭敬中深藏不满，在顺从中蕴蓄着对抗。这主要得力于"叔叔"这一称呼，就它在这里所指称的对象而言，与父亲

---

① ［日］池田大作：《我的人学》（下册），潘金生、庞春兰译，北京大学出版社1990年版，第53页。

实为一人，却表现了说话者跟“他”两种性质不同的关系，一为父子，一为叔侄，称“他”为叔叔，同时也就否定了是“他”的儿子，也就是不同意“他”称自己为儿子。如果儿子真的“是”了，答“是”即可，“是，父亲”更好，然而他却不，有意在“是”之后紧跟了个“叔叔”，蕴蓄已久、铭心刻骨的气愤、怨恨全部都在“叔叔”这个称呼中喷发出来了。而听起来却又那么恭敬温顺。这就是言语主体的思想情感对言语形式的深刻渗透，这就是言语形式的巨大威力。邓友梅在一篇题为《顾客就是副总理》的文章中说：“前几年我写过一篇文章揭露修理行业的一个个体户蒙人，这就给报纸编辑部惹了麻烦。编辑部没有把这事告诉我，却替我背后做了不少工作，解释、分辩，甚至某种程度地表示歉意。后来我听说此事，对他们非常感激，立志痛改前非，再不敢否认每个行业的每一人都道德高尚，技术超群，再不敢写这类捅娄子的文章了。”从字面上看，他毫不含糊地说“立志痛改前非”，可实际上他始终不以为非，因为“每个行业的每一人都道德高尚，技术超群”，即使在君子国也是不可能的事，君子国的人就算个个道德高尚，技术却未必个个超群，“否认”这一点，何非之有？邓友梅显然是有通过这样的言语形式表达那样的思想情感。他惹不起，但还是要惹一惹，只不过变换一种方式罢了。

更多的是心灵深处的思想情感悄悄地溜上前台左右表达与之相关的另一内容的言语形式，甚至连言语主体自己也往往没有意识到。《阿Q正传》中赵白眼所说的“阿……Q哥，像我们这样穷朋友是不要紧的……”其实他并不穷，虽然也并不很富，和阿Q

也并不“我们”，最要紧的是他觉得“要紧”，只是对于是否能够蒙混过关这一点没有把握而已，他是“想探革命党的口风”以谋对策。赵白眼当然是有意掩饰他的惊恐，但称阿Q为“阿……Q哥”，并不惜屈尊与之“我们”，本身就已说明他已经本能地感觉到他和阿Q这些“穷朋友”之间颇大的距离，在不知不觉间把他的惊恐在言语形式中如数抖搂出来了，正合着一个成语：欲盖弥彰，“欲盖”是自觉的意图，“弥彰”是言语形式不自觉的泄露。阿Q想要“投降”革命党，可知他原来和清朝皇帝一气的。言语形式就是这样天真可爱地泄露了言语主体心底的奥秘，而且它往往又比言语主体所自觉要表达的思想情感更接近于他心灵的真实。张三生了一个女儿，李四得知后对他说：“一样的。”可以设想，假若张三生的是儿子，他决然不会说“一样的”，很可能是“恭喜恭喜”了。他之所以说“一样的”，是他心里以为并不一样，“一样的”言语形式装裹的实际上是认为不一样的思想情感。《孔子家语》：

> 楚恭王出游，亡乌号之弓，左右请求之。王曰：“止，楚王失弓，楚人得之，又何求之！”孔子闻之，曰：“惜乎其不大也。不曰人遗弓，人得之而已，何必楚也？”

楚恭王那样说，说明他的心中只有楚人，如若“楚人失之，齐人得之”，恐怕他定会主动命令左右把弓找回来的。因此孔子“惜乎其不大也”——胸襟不够阔大，比孔子差得远了。有一本专著就此例分析说：“孔子运用概念的概括来明确概念的外延，这就使表达的思想准确。”[①]其实楚恭王的表达并无不准确之处，两种言语形式的不同源于两人思想境界的不同，由“楚人”而“人”，楚恭王怕一辈子也跨不过去。如果仅仅为了说明“小知不及大知”这个道理，以鸿鹄与燕雀为喻也就可以了，正是由于庄子阔大奇诡的胸怀，才会冒出“鹏之背，不知其几千里也”“其翼若垂天之云”的大鹏与蜩鸠进行对比。

客观的表述对象总是在一定的言语形式中被所介入的思想情感照亮或解剖而显示出独特的样子。幽默的表现形态之一便是以乐观之情介入可叹可怜可笑可鄙可恨之事，给以嘲弄、揶揄，使之以全新的面目出现。外国一个影星谈到当年的穷困生活时说：“我们真是穷死了，但是我们拥有许多金钱买不到的东西，譬如未付的账单。”另有人回忆说：“我们从来不穷，也没挨过饿，只是有时会把吃饭时间无限后延罢了。”据说新中国成立前一位京剧名演员久患肺病，百治无效，一日病危，家人只得给他料理后事，但他却说：“今天下雨，带伞麻烦，我不想走。”死亡于是成了出门旅游。著名画家钱君匋将自己的藏画全部献出，这在国内是第一个，值得大家学习。他在《学画买画失画还画献画》一文中说：“献画，像我这样全部献出，国内还是首创，我认为这是抛砖引玉。今后希望有更多的藏家化一己为大公，把民族的文化遗产很好地公诸世人，保存在更稳定的地方，流传千古，为子孙后代造福！”献画之事他以极为谦虚的态度介入，写出了这段文字。他始终只着眼于事，如果写成“将自己的藏画全部献出，这

① 李德华编著：《文章词句学概要》，武汉大学出版社1984年版，第147页。

在国内我钱某是第一人”，就只着眼于人，而且颇有傲气；同样，下文不是希望大家向他学习，而是希望别人像他那样做，“化一己为大公”，胸怀坦荡，态度诚恳，他的高尚人品跃然于字里行间。只有真、善、美的思想情感才能更加迫近表述对象，在完美的言语之中显示出自己的本来面目。

总之，言语形式绝不只是语言技巧的问题，从根本上说更是言语主体思想情感的问题。诚如孟子所说，要使言语形式准确、优美，必先养“气”。如果只是一味咬文嚼字，则无异舍本逐末。

原载《浙江师大学报（社会科学版）》1994年第2期

叙事说理的语言表达

一

钱钟书《谈艺录》："瓦勒利（法国诗人，今通译"瓦莱里"）尝谓叙事说理之文以达意为究竟义，词之与意，离而不著，意苟可达，不拘何词，意之既达，词亦随除；诗大不然，其词一成莫变，长保无失。"[①]正如钱钟书所说，"诗藉文字语言，安身立命"。"春风又绿江南岸"，其诗意借此语境中的"绿"字而源源不断分泌出来，别的字词无可取代。可以说无此"绿"字则无此诗。

但叙事似乎也不能一概而论，如果我们把小说中的叙事和实用文的叙事做点比较的话，就会发现它们还是有区别的。最明显的是，小说所叙往往为作家设想之事，虽然不能完全随心所欲，但毕竟有较大的想象空间，为了能够写得生动形象，以使读者产生身临其境之感，作家应该为此做出不懈的努力。大家也许都记得福楼拜只有所谓"一个字"的信仰，即表现事物只有一个名

① 钱钟书：《谈艺录》，中华书局1984年版，第412—413页。

词、一个动词、一个形容词，作家必须用心去寻找。如此说来，出色的或说成功的叙事，“其词一成莫变”亦与诗并无二致，如鲁迅所指出的《水浒传》里“林教头风雪山神庙”写下大雪的那个“紧”字，确实只有这一个形容词才能“使对象生动”“性质鲜明”，和“春风又绿江南岸”的“绿”异曲同工。瓦莱里说只有诗“其词一成莫变”，显然有欠严谨。

再来说实用文的叙事。其所叙一般都是现实发生之事，作者的笔当以逼真为务，必须循其规蹈其矩，不能信马由缰。而要求逼真，就没有“样板”可供临摹。由于现实生活有时比小说还小说，甚至完全超乎人们的想象，若求逼真，“其词一成莫变”亦与小说、诗歌同。

不过，诗与实用文在这一点上虽然有所区别，诗弃此词此句而用义近之它词它句，诗意往往就会失去甚至荡然无存，而实用文之意有时可用义近之它词它句而大体保留。也就是说，遣词造句，诗必此词此句，而实用文可有一定的通融余地，从这一角度看，词与意的紧密程度，诗与实用文确实有所不同。然而，实用文这种以词达意的灵活性是有条件的，也是有限度的，有时甚至和诗一样，不可移易。

二

平心而论，任何言语作品之词与意，都不可能像瓦莱里所说的那样“离而不著”。这实在是语文教学理论和实践的一大关节，然至今似乎仍有不少人于此认识没有到位，甚至还在误区徘徊。例如最近有一年轻朋友来信质疑说，你如此重视语文品质，甚至提出它是语文教学的核心内容；由于语文品质只是遣词造句、谋篇布局方面的事，那么你将思想内容、情感态度价值观置于何地？——其实这个问题的提出有一个前提，这就是认为可以脱离思想内容、情感态度价值观而独自讲究遣词造句、谋篇布局，也就是两者是“离而不著”的。

钱钟书强调“诗藉文字语言，安身立命”，完全正确；必须补充的是，所有与“言”相对的“意”都藉文字语言安身立命，难有例外，并非独以诗歌为然。这里所说的意，其内涵除了最基本的意思、意义，还应包括“情态”“意趣”等，有时后者更为重要。无论意思还是情态，它们都只能寓于词中，而且也总是意随词变，不可能“离而不著”，就诗而言，绝对如此。而叙事说理之文则有如下三种不同的情况。

一是字句变而意义、意思还在，情态、意趣则已走样或消失。

> “诸将皆从壁上观。楚战士无不一以当十，楚兵呼声动天。诸侯军无不人人惴恐。于是已破秦军。项羽召见诸侯将，入辕门，无不膝行而前”；《考证》：“陈仁锡曰：‘叠用三无不字，有精神’；《汉书》去其二，遂乏气魄。”按陈氏评是，数语有如火如荼之观。……马迁行文，深得累叠之妙……[①]

① 钱钟书：《管锥编》（第一册），中华书局1986年版，第272页。

若将所引《史记》原文改为：

> 诸将皆从壁上观。楚战士均一以当十，楚兵呼声动天。诸侯军人人惴恐。于是已破秦军。项羽召见诸侯将，入辕门，皆膝行而前。

两相比较，从意思、意义角度看，几无不同；但从情态、意趣的角度看，改文因无累叠之妙，原句的“精神”“气魄”已丧失殆尽。

钱钟书还曾以《项羽本纪》为例说明司马迁刻画人物的艺术：

> （鸿门会期间）范增召项庄曰：“因击沛公于坐，杀之。不者，若属皆且为所虏。”到会后，范增曰：“唉！竖子不足与谋！夺项王天下者，必沛公也。吾属今为之虏矣。”“始曰‘若属’，继曰‘吾属’，层次映带，神情语气之分寸缓急，盎现字里行间，不曰‘将’而曰‘今’，极言其迫在目前。”[①]

我的理解是，“若属”说的还是“你们”，“吾属”说的就是包括“你们”在内的“我们大家”，所指有多少之别，所关有大小之分，体现在字里行间的神情也自然不同。“今”与“将”比，照事实说，用“将”为是，但“将”体现不出事情的紧迫性、严

① 钱钟书：《管锥编》（第一册），中华书局1986年版，第276页。

重性以及对项羽的愤懑，非用“今”不可。

二是字句变化甚微而意义变化至巨。于此，让人首先联想起的也许就是从前一个讼师将“驰马伤人”的“驰马”改成“马驰”的故事。“驰马”，责任在骑马的人，“驰马伤人”属故意；而“马驰”，是因马跑而伤人，人只是过失而已。这是字未变，只是顺序调换了一下而已，但事情的性质却因此而发生了根本的变化。事实真相到底如何，不容篡改，讼师若有意歪曲，当然是缺德的行为。我们说这个故事，只想借此说明语言文字的力量。

钱钟书《谈艺录》有一则《论“一字之差，词气迥异”》，说的是王世贞所写归有光像赞中“晚而始伤”一语，意思是指王世贞“能识归有光的异量之美，认为归有光的学习韩愈、欧阳修，与自己学问门径不同，但同以学习《史记》《汉书》为归宿，这点起初不认识，这时开始认识，因而伤悼他”。可钱谦益却将“始伤”篡改成“自伤”，这一改用意就变了，“‘自伤’是伤自己的迷途狂走，开道已迟。这一字的篡改，歪曲了王世贞原意，来贬低王世贞”[①]。

《红楼梦》写林黛玉眉目的对子，流行本一般作“两弯似蹙非蹙罥烟眉，一双似喜非喜含情目”。据周汝昌说，列宁格勒所藏旧钞本《石头记》却作：“……两弯似蹙非蹙罥烟眉，一双似泣非泣含露目。”他认为，“含露者，是写黛玉两目常似湿润，如含有仙露明珠——亦即雪芹在另处说她是‘泪光点点’同一用

---

① 周振甫、冀勤编著:《钱钟书〈谈艺录〉读本》，中央编译出版社2013年版，第7页。

意。罥烟、含露，对仗精切无匹！这是雪芹费了大心血而创造的足以传写黛玉神态的高级艺术语言。若作什么‘含情目’，不但失去对仗，简直是太俗气了！”[①]确实，“含情目”糟蹋了林黛玉的形象，而“含露目”所含之“露”还和“绛珠仙子”的“珠”呼应、匹配，意象独特、生动，含义丰富。

最常见的情况是字句之变不大，所造成的意义变化也看似并不起眼，但若仔细品味，不但所表达之意有所区别，尽管有时比较细微；而且语文品质也因之而有所差异。

胥智芬的《围城》汇校本（四川文艺出版社1991年版），正文414页，每页所列从初刊本到定本的修改之处一般都有三四处到五六处之多，只有两处的是极少数，多的甚至有十一二处。所改有少数是字体、标点的使用更为规范、更符合一般的言语习惯，如页2：“这女人的漂亮丈夫，在旁顾而乐之”，“旁”原作“傍”；页2：“两付马将牌”“付、马”改为“副、麻”；页3：“他刚会走路，一刻不停地要乱跑”，“地”原作“的”；页4：“苏小姐一向瞧不起这位寒碜的孙太太”，“碜”原作“蠢”；页6：“说：‘睡得像猪’”，改为“说‘睡得像猪’”；等等。

在此之外，数以千计的文字修改都与意义、意思、情态、意趣密切相关。有的变得更为清通，如页5：“那些男学生看到满腔邪火，背着鲍小姐说笑个不了，心里好舒服些。”定本删“心里好舒服些”，“看到满腔邪火”定本作“看得心头起火，口角流水”。分句之间原来意思不太连贯通畅，由“看到满腔邪火”而

① 周汝昌：《周汝昌点评红楼梦》，团结出版社2004年版，第75页。

“背着鲍小姐说笑个不了”，中间似有断裂之感，定本不但一气贯下，情态也更生动逼真了。页11：“贤婿才高学博”定本改“学博”为“学富”，因有几乎人尽皆知的“学富五车”，“学富”就显得自然顺畅；而“学博”，意思虽然清楚，但因难得一见，多少有点别扭之感。页12：“父亲和丈人望自己是个博士”，“望”易生“看”的歧义，定本改为“希望”就晓畅明白了。

有的变得更为准确。如页2：“那些不愁没事的学生”，在“学生”前加定语“留”。页3：“孩子不足两岁，塌鼻子，眼睛两丝斜缝……”，“丝”原作“条”。页8：“看人家一对对的恋爱”，“恋爱”改为“谈情说爱”（前面既用“一对对”，“谈情说爱”比“恋爱”具体）。页17：“方鸿渐又把手勾了她腰”，定本删“了”，“勾她腰”比“勾了她腰”动作性要强得多。页14写鲍小姐“身围瘦，后部重”，定本改“后”为“臀”。这些都是极为明显的例子。

有的变得更富情态了，如页27：“……便‘啐！’的一声向痰盂里唾口浓浓的吐沫”，“唾口”定本作“射出一口”，定本改得神态毕现。页37：“这景色是鸿渐出国前看惯的，可是这时候见了，心忽然挤紧作痛，眼酸得要汪泪……”，“汪”才恰到好处，初版用的“流”就有些过了，显得俗而不真。

页22：“苏小姐病了，吐过两次，才睡着呢。……”，“才”原作“刚”。“刚”仅仅点明“睡着”的时间，而“才”则还有和“吐过两次”在前后内容上的因果关系。从遣词造句的角度看，“才”显然更绵密了。平常“刚”“才”常常连为一个词，意思也差不多；此处由“刚”而“才”似乎可改可不改，实际上恰恰典型地表现出了作者行文时的敏感、认真、细致。页23："鲍小姐睡了一天多才起床，虽跟方鸿渐在一起玩……"，"跟"定本作"和"，与上文易"刚"为"才"异曲同工。页32：方鸿渐猜到"定是苏小姐大学同学的时候常向家里人说起自己了，又有些高兴"。"高兴"定本改为"得意"，确实贴切多了。如果没有定本的"得意"作为对比，我们也许会觉得"高兴"并无不妥，就是"高兴"嘛！只有见到了"得意"，我们才能真正体验到方鸿渐当时的心情。语文品质之高下优劣体现在遣词造句上，有时往往只差一点点，这一点点的差异，或由于写作态度认真程度的差异造成，或由于语言表达水平的差异造成，常常要通过比较才能识别。页56："……但据周太太说，本年生的孩子，大半是枉死鬼阳寿未尽，抢着投胎，找足前生年龄数目，将来怕活不长。"初读，根本看不出有任何不妥；而定本最后一个分句改成"只怕将来活不长"，这才发现定本严谨多了，而"将来怕活不长"多少受到口语的影响，在语法上不大经得起认真推敲。

总而言之，叙事说理之言与意确实不可能"离而不著"，我们读者也不应该把它们看成是可以相互游离的两种不同的东西。因此，评论语文品质的高下优劣，当然也不可能离开言所表达的意。

原载《语文学习》2016年第5期

文学：文字组合的艺术

——以杜拉斯《情人》汉译为例

一

古人云："言，心声也。"此"言"，因其有声，当指口头语言。我们千万不能小视这"声"在语言表达过程中的巨大作用。《庄子·天道》就说"书不过语，语有贵也。语之所贵者意也"。确实，在思想的各种表达方式中，语音实为最佳手段，文字虽然有留久传远的优势，但它毕竟不能表现语言的语调声气以及相关相连的情感意味。心声之心，如果具体到某一个人在某一时间、地点，针对特定的听者，言说某一特定内容，即使是同一说者也是不同的，甚至是完全异样的。我曾在《语感论》说明：

> 即使两个人说同一句话，用同一种陈述语气，停顿、轻重、快慢的处理也都一样，其声音也可能具有不同的"味儿"，或热情或冷淡，或真挚或做作，或赞美或讥讽，或客气或粗野，或悲愤或喜悦……不一而足；即使同是热情的语

> 气，也必因人、因内容、因语境的不同而各异，总是千姿百态的。说话者的感情有多复杂、多微妙，语音也就有多复杂、多微妙，……由这种声音造成的某种“味儿”看不见摸不着，但确实存在，并在思想感情的表达中扮演必不可少的角色，起着这样或那样极为重要的作用。[①]

要表现语言声音的这种“味儿”，对于书面的文字来说，几乎无能为力，因此就有人断言文字是“罪恶的漏斗”，因为它漏掉了声音，成为一种更具概括性、抽象性的符号。文学语言本应富于情感性、个人性，而概括性、抽象性几乎就是情感性、个人性的“天敌”，作家必须跨过概括性、抽象性这道坎儿，以他笔下的文字展现作家自己或人物特殊的生命状态、生命气息，让读者对此获得生动、具体、真切的感受。曾经听说，作家干的活是码字。文学之所以能够成为人学、心学，途径在于此，困难亦在于此；优秀的作家、伟大的作品之所以让人敬佩折服，道理也在于此。——文学是语言的艺术，更确切地说，文学是文字的艺术——由于作家创造性地运用，文学语言不但最大限度地回收了被“漏斗”漏掉的声音所表现的一切，而且还能使之具有更丰富、更深刻的内涵，让它闪闪发光，甚至光耀千秋。

在表意的基础上，文字的不同组合确实会有不同的效果。顾随指出：

---

① 王尚文：《语感论》（第三版），上海教育出版社2006年，第105页。

《论语·述而》曰："三人行，必有我师焉。"

《史记》改为："人行，必得我师。"是还是，而没味了。

"士不可以不弘毅，任重而道远。"若改为："士必弘毅，任重道远。"是还是，而没味了。

曾子所谓"弘毅"。"弘"，大；"毅"，有毅力，不懈怠。"任重而道远"，不弘毅行么？此章中曾子语气颇有点像孔夫子味："……不亦重乎？……不亦远乎？"[①]

此所谓"味儿"，庶几相当于上文所说的被"漏斗"漏掉的东西。

二

当代作家王小波说过如下这段话：

一部《情人》曾使法国为之轰动。大家都知道，这本书的作者是刚去世不久的杜拉斯。这本书有四个中文译本，其中最好的当属王道乾先生的译本。我总觉得读过了《情人》，就算知道了现代小说艺术；读过道乾先生的译笔，就算知道什么是现代中国的文学语言了。[②]

先来看王小波提到过的小说第一段，除了王道乾的，还有另

---

① 顾随：《中国古典文心》，北京大学出版社2014年版，第11页。

② 韩袁红编：《王小波研究资料》（上），天津人民出版社2009年版，第25页。

外三位译者的译文：

我已经老了，有一天，在一处公共场所的大厅里，有一个男人向我走来。他主动介绍自己，他对我说："我认识你，永远记得你。那时候，你还很年轻，人人都说你美，现在，我是特为来告诉你，对我来说，我觉得现在你比年轻的时候更美，那时你是年轻女人，与你那时的面貌相比，我更爱你现在备受摧残的面容。"①

当我华年已逝的时候，一天，在某个公共场所的大厅里，一个男人朝我走来。他做了自我介绍，对我说："我认识你很久了。人们都说你年轻时很美，我来是对你说，我认为你现在比年轻时更美。我爱你现在的毁损的面容，胜过爱你年轻时的面容。"②

我已经上了年纪，有一天，在一所公共场所的大厅里，有个男人朝我走过来。他在做了一番自我介绍之后对我说："我始终认识您。大家都说您年轻的时候很漂亮，而我是想告诉您，依我看来，您现在比年轻的时候更漂亮，您从前那张少女的面孔远不如今天这副被毁坏的容颜更使我喜欢。"③

---

① ［法］玛格丽特·杜拉斯：《情人》，王道乾译，上海译文出版社2004年版，第3页。

② ［法］玛格丽特·杜拉斯：《情人》，王东亮译，四川人民出版社1985年版，第1页。

③ ［法］玛格丽特·杜拉斯：《情人》，戴明沛译，北京出版社1986年版，第2页。

> 我已经老了。有一天，一个男人主动向我走来，介绍自己，那是在一处公共场所的大厅里。他对我说："我认识你，永远都不会忘记。那时你很年轻，大家都说你美丽极了，现在我特意来告诉你，在我看来，现在的你比年轻时更美，你现在这张备受摧残的面容比年轻时娇嫩的面孔更让我热爱。"①

第一分句"我已经老了"，相比于其他两种译法，乾译、孙译几乎完全相同，除了一个标点。这一句，只要你看它读它想它，它就会不断分泌出一种沧桑感：青春已逝，往事不再，前路茫茫，无可奈何，唯一可以确定的就是死期已经不远。这一句乾译用的是逗号，孙译用的是句号——在此我必须郑重申明的是，本人对法文一窍不通，本文意在比较不同汉译本身，而非它们与原作的关系。——我喜欢此处用句号，使它独立成句，况且意思本已完足，也有条件独立成句。我以为它若是独立的一句，会更有震撼力；若用逗号，和下文粘连在一起，则有拖泥带水之嫌。亮译"当我华年已逝的时候"，由于"华年"的年龄界限较为模糊，弹性不小，这就把那种沧桑感稀释殆尽。戴译"我已经上了年纪"，似乎也比不上"我已经老了"。是的，"上了年纪"不就是"老了"吗？用顾随的话来说，"是还是，而没味了"，起码是味儿寡淡了："上了年纪"有点委婉，有点隔，不像"老了"那

① ［法］玛格丽特·杜拉斯：《情人》，孙建军译，广州出版社2007年版，第3页。

么直截了当，因此人们可以当面说人“上了年纪”，一般都不说“老了”。当然老人自己可以说自己“老了”，不必委婉，不必隔，直截了当就是，特别是有一番不凡阅历的老人，更有一种不胜感慨的味道。第二句中“他主动介绍自己”的“主动”一词，为亮译、戴译所无，但我觉得有要好得多，因为更能描摹出当时的真实情境——此人，我初读时以为下面他肯定还会再次出现的，如果不是小说的另一重要人物的话；结果他却从此就失踪了。看他下面所说的话，似乎他和“我”从来没有交往过，“主动”就是必须的了。“我始终认识您”，由于“终”还包括未来的时段，加在“认识”之前多少有点别扭。相比之下，“我认识你很久了”就较为顺畅，只是有可能会使对方感到突兀。由于两人此前从无交集交往，第一句说“我认识你”是很自然的——读者诸君不妨设身处地想一想，这见面第一句到底该怎么说，我估计说“我认识你”的一定比较多，因为这样说最合情合理。“我始终认识您”多少有冒昧之嫌；乾译紧接着说“永远记得你”，比较自然，贴近当时情境和人物心情。孙译“永远都不会忘记”，当然也可以，但接在“我认识你”之后，由于“永远记得你”再次出现了“你”，更能体现他多少年来对她的一往情深，一比就觉得“永远都不会忘记”稍逊一筹。他接下来所说的话，乾译“觉得”远胜“认为”，“觉得”感性一些，“认为”理性得多，对象美与不美，还是用“觉得”准确贴切。“美”也胜过“漂亮”，因为更庄重，更富内涵。让人数十年不改其爱的应当是“美”，此处“漂亮”分量似乎略略轻了一点。“毁损”“毁坏”，因通常有“毁容”一词，让人感到用在此处有点过了。“备受摧残”，我个人也觉得有那么一点点过，乾译、孙译不约而同，大概原意如此吧。“我是特为来告诉你”比“我来是对你说”“而我是想告诉您”把意思说得更明白，“特为”得好，当然“特意”也好。乾译“那时你是年轻女人，与你那时的面貌相比，我更爱你现在备受摧残的面容。”则比“我爱你现在的毁损的面容，胜过爱你年轻时的面容。”“依我看来，您现在比年轻的时候更漂亮，您从前那张少女的面孔远不如今天这副被毁坏的容颜更使我喜欢。”“你现在这张备受摧残的面容比年轻时娇嫩的面孔更让我热爱。”都更妥帖一些，它突出了“我更爱你现在备受摧残的面容”，这可能与它所处的结句位置有关，更是由于它说得更清楚，更直截了当，其他三句有的句子太长了一点，有的结构复杂了一点，而“胜过”云云，火候似乎也差那么一点点，不如乾译干脆利落。至于“热爱”，用于爱情、夫妻似乎有些不伦不类，起码是不太符合我们汉语的习惯。总之，王道乾的译文具有一种特殊的味道、特殊的韵律。

三

上面是就杜拉斯《情人》第一段的四种汉译所做的约略比较。这一段语言明白晓畅洁净，和许多文学语言甚至和我们的日常语言几乎没有太大区别，但也就是第一段而已，“明白晓畅洁净”绝对不能说是整部小说的语言特色。下文拟就此依据乾译简单谈谈个人的阅读感受。《情人》的语言，一般并不只是用来描写生动的细节以塑造人物形象，或巧妙推进情节的发展演变，等等，它往往直击人心，揭示人物心灵深处光怪陆离的纵横断面，总是那么独特、新颖，那样富于个性、出人意料，让你有触电似的感受。它不管是惜墨如金还是泼墨如水，几乎笔笔都尖锐有力，如：

> 我曾经回答她说，我在做其他一切事情之前首先想做的就是写书，**此外什么都不做，什么都不做**。她，她是妒忌的。她不回答，就那么看了我一眼，视线立刻转开，微微耸耸肩膀，她那种样子我是忘不了的。我可能第一个离家出走。我和她分开，**她失去我，失去这个女儿，失去这个孩子**，那是在几年之后，还要等几年。对那两个儿子，没有什么可忧虑的。但这个女儿，她知道，**总有一天，她是要走的，总有一天，时间一到，就非走不可**。她法文考第一名。校长告诉她说：太太，你的女儿法文考第一名。**我母亲什么也没有说，一句话也没有说**，她并不满意，因为法文考第一的不是她的儿子，我的母亲，我所爱的母亲啊，卑鄙卑鄙，她问：数学呢？回答说还不行，不过，会行的。我母亲又问：什么时候会行呢？回答说：太太，她什么时候想要什么时候就会行的。

每一处加黑部分的前后都有重复，若删去这些重复的语句，从表意的角度看，毫无影响，但“味儿”却很不一样。如“此外什么都不做，什么都不做”，这是她在自言自语，不仅仅是为了说明“此外什么都不做”而已，更要表现她的坚决、坚定，重复不是由于需要审视、推敲，更不是因为犹豫不决，而是为了加强，一再地加强；而且在我看来，还有对这一决心自我肯定、自我欣赏的味道。又如“她失去我，失去这个女儿，失去这个孩子”，从描写事实这一层面看，“她失去我”一句也就够了，何必重复？但仔细品读，三句的情味却不一样，第二句的“失去”意味着骨肉分离，第三句由于“孩子”这一词语而增添了“失去”的悲剧意味，三句是一层深一层的关系。再如“她，她是妒忌的”，前一个“她”连同那个逗号，不是完全多余的吗？不！此时此处，作为女儿，作为“她”的亲生女儿，必得以重复来强调“她”，作为母亲的“她”；而且必要用逗号停顿一下，由于她妒忌的是自己的女儿，无论是由于为母亲羞愧，还是出于对母亲的愤怒，她都得喘口气才能接着说下去。如果说“她不回答，就那么看了我一眼，视线立刻转开，微微耸耸肩膀……”还有可能她不太相信女儿真的会写书，真的会去写书，这“不相信”是相当平常，甚至是很不起眼的事；但这里“我母亲什么也没有说，一句话也没有说”却是由于得知女儿法文考了第一名。在此处，只有重复，才足以让读者真切地感觉到事态的异样、心理的异样：母亲竟会由于女儿法文第一名而不高兴，虽然令人难以置信，但却千真万确！而且，更有甚者，“法文第一名”让她非常不爽之后，她并不甘愿就此罢休，总得找到女儿的一项“不行”来平衡一下，于是她问“数学呢？”总算得到了可以让她高兴的“还不行”这一回答。老师不是说“不行”，而是说“还不行”，不管是无心还是有意，“还”对“不行”起到了一种缓冲作用，“还”字给出了日后会行的空间，所以自然地紧接着就说“不过，会行的”，明白无误地表现出了对这学生以后会好起来的信心和期待。

可母亲却完全相反，得知女儿数学还不行，对她来说还不够，因为她满心希望她永远不行，所以才有“什么时候会行呢？”这一问。从字面看，“什么时候”是中性的，或很快，或过段时间，或可能要过较长时间，应该三者都可以接受；但这里母亲显然是希望“永远不行”。虽然着墨不多，但人物的表情、心理，却是跃然纸上。“数学呢？”“什么时候会行呢？”两句问话，其实连着追问，非要找出女儿的缺陷不可，简直有点恶毒！不是吗？然而这并非不可理解，她是替她深爱的儿子又特别是大儿子“妒忌”。这一段几乎每一句对读者都极富冲击力。就我的人生经验和阅读经验而言，我真的没有听说过，更没有遇见过这样的亲生母亲，不幸的是，这一切都是真的，它的描写，更确切地说是它的语言让我信服了。它不是陈词滥调，而是在人的心灵领域所开垦出来的处女地。“我的母亲，我所爱的母亲啊，卑鄙卑鄙”，这是一个年轻女儿怎样痛苦的呼号啊！

《情人》的语言往往因其表达之新而别具一种魔性。有的在一段里面不断转换叙述者、被描写者：

> 一切都在迎合他的欲望，让他把我捕捉而去，让他要我。我变成了他的孩子。每天夜晚，他和他的孩子都在做爱。有时，他害怕，突然，他担心她的健康，他发现她会死去，会失去她；这样的意念在他心中闪过。突然间他又希望，她真是那样柔弱，因此，有时，他还是怕，非常害怕。她的这种头痛病也使他害怕，头痛发作，她变得面无人色，僵死在那里，眼上敷着浸水的布巾。还有这种厌恶情绪，甚

> 至厌恶生命，厌恶感一出现，她就想到她的母亲，她无端哭叫，想到不能改变世事，不能让母亲生前得到快乐，不能把害母亲的人都杀死，因为忿恨而哭泣。他的脸紧偎着她的面颊，吸取她的泪水，把她紧紧抱住，疯狂地贪求她的泪、她的愤怒。

第一、二两句写的应当是“我”，第三句开始叙述者就变成了作者，他无所不知；而其间，从“还有这种厌恶情绪”开始，原本是描写他的，忽而又变成了她。这是叙述角度的变幻莫测。更有意思的是渗透其间的意趣往往出人意料，如当“我”发现自己容颜已老，“我倒并没有被这一切吓倒，相反，我注意看那衰老如何在我的颜面上肆虐践踏，就好像我很有兴趣读一本书一样”。最后一句的“好像”，就像紧接着滂沱大雨之后突然出现的灿烂阳光一样，令人炫目。再如：“说来话长。已经七年了。这是在我们十岁的时候开始的。后来，我们十二岁了，十三岁了，十四岁，十五岁。再下去，十六岁，十七岁。前后整整持续了七年。”从十二岁数起，一年一年一岁一岁数下来，直到十七岁，这样的语言总让人感到其中蕴藏着一点什么特别的东西，可以让人不停地咀嚼，特别是把它和上下文联系起来的时候——上文告诉了你“这”指什么，下文也会让你知道这最后的句号意味着什么。

上举几段，自信还可以看明白、说清楚，还有不少虽然有所感觉，或者深有感觉，甚至似乎有所感悟，却难以准确说明。如：

他注目看着她。他闭上眼也依然还在看她。他呼吸着她的面容。他呼吸着眼前的一个孩子，他两眼闭着呼吸着她的呼吸，吸取她身上发出的热气。

有的则几乎只有朦胧一片，如下面一段，又特别是最后几句：

我告诉他我认为他有许多女人，我喜欢我有这样的想法，混在这些女人中间不分彼此，我喜欢我有这样的想法。我们互相对看着。我刚刚说的话，他理解，他心里明白。相互对视的目光这时发生了质变，猛可之间，变成虚伪的了，最后转向恶，归于死亡。

就这样，《情人》总是带着读者跟随它文字的特殊组合去感受陌生新奇的一切，开辟出作为人学心学的新的独特的文学疆土。

原载《漫话文学语言》（王尚文著），
华东师范大学出版社2019年版

论说之美

每当阅读优秀的论说文，那独具慧眼的观察，鞭辟入里的分析，新颖深刻的见解，不但使我们在思想上得到启发，认识上得到提高，而且也使我们在精神上得到愉悦，在感情上得到激励，甚至产生行动的渴望。优秀的论说文富于理论美，具有极高的审美价值。

论说文的理论美，不同于文学作品的形象美、意境美使读者如见其形、如闻其声、如临其境，却能使读者恍然大悟、豁然开朗、欣然诚服。众所周知，理论思维是人们认识自我、理解世界、“人化”自然的主要方式之一。自有人类以来，人们总是不断地追求真理、趋向真理、获得真理，于是社会不断进步，人类不断成长。优秀的论说文总是从新的方面、在新的层次上，把人们的认识引向新的高度和新的深度。理论美作为人的自由自觉活动的产物，它既是客观世界的规律、本质的新的发现，又是“人的本质力量的新的显现和人的存在的新的充实”[①]，是人的本质力

① ［德］卡尔·马克思:《1844年经济学—哲学手稿》，刘丕坤译，人民出版社1979年版，第85页。

量对象化的结晶，成为人的本质力量的新的确证。理论美之所以美，最根本的是由于它是真理的光芒，发人深省，使人神往。“人是目的，不是手段”，康德的这一论断就像一座灯塔，多少年来照亮了人类文明发展的方向；“吃人”，鲁迅先生就是用这简简单单的两个字一针见血地揭示出了封建礼教的本质！而谎言谬论只能成为理论美的对立面而益见其丑，陈词滥调当然也和理论美没有丝毫的缘分。

理论美之所以美，还因为它本身的朴素简洁。它从错综混乱中找到秩序、规律，使之臻于和谐，达到统一，具有最大限度的简单明了性，从而使人们体验到理智的满足和感情的愉悦。例如关于人性善恶的问题，古今中外历来聚讼纷纭，莫衷一是，有关论著可谓汗牛充栋。在20世纪80年代，我对“毫不利己，专门利人”发生了兴趣，读了不少相关的书籍，但困惑依然，甚至还有愈读愈糊涂的感觉。约1998年年底，我偶然在书店发现了于光远《我的格言与箴言》一书说：大公有私，“这是毛泽东在1959年读苏联《政治经济学教科书》时讲过的一句话。他说‘没有大公无私，只有大公有私’。我想补充一句，‘大公有私’是社会主义者能够和应该达到的最高境界，对一般的人还不能这么要求”[①]。文中他还表示了对“以公灭私”“狠斗‘私字’一闪念”的极端反感。顿时感到真话来了！好像有一道曙光照进了我的脑海，兴奋无比，立刻把书买回来细读。但书中相关论述只有这一篇三百字不到的短文，语焉不详，未能完全解决我的疑难。后来

① 于光远：《我的格言与箴言》，东方出版社1998年版，第119页。

我发现了王海明的有关论述，讲到人性的自私，讲到人的行为主观上必是为己，利他是就效果而言。当时我颇信服，只是觉得断言像谭嗣同这样在戊戌政变失败后毅然决然拒绝出逃求生的机会而慷慨赴死的根本目的是为了自己，实在有些不忍、不妥和不安。直到2005年读到了王海明的《人性论》，才觉得好像来到了阳光灿烂之所在。他说：

> 多年来我把行为根本目的与行为原动力混同起来，因而认为行为根本目的只能利己，是错误的。真理是：行为原动力只能利己。行为原动力与行为目的的区分，使我看清了人性最为重要的两个规律。一个是原动力规律：每个人的行为目的既可能自爱利己，又可能无私利他，但产生这些目的的行为之原因、原动力，却只能是利己。[①]

谭嗣同狱中有诗云："有心杀贼，无力回天，死得其所，快哉快哉！"杀贼回天，是他的自觉目的，并无任何自私的成分；但若只是因此目的而就死，我以为临死绝无"快哉快哉"的感受，只要是一个人，大刀即将劈向他的颈项时，决不求饶是可能的，"痛快"似乎不可想象。而谭嗣同是觉得今天终于能够完全实践自己的人生价值观，才能在刑场上见到同志头落血喷时朗吟这十六字的千古绝唱！为了实现自己生命的价值，因而从容就义。因为他坚信"各国变法，无不从流血而成，今中国未闻有因

① 王海明：《人性论》，商务印书馆2005年版，第5页。

变法而流血者，此国之所以不昌。有之，请自嗣同始！”在人性善恶问题上，将行为原动力与行为目的加以区分，这一见解既新颖深刻，又朴素简洁，具有极强的说服力。我们不能不为之折服叹赏！

而且，优秀的论说文往往都并不只是向读者简单地告知某一道理，而是表现为一个探索、论证的过程。这一过程往往不是直线进行的，而是曲线发展的。如音乐的节奏那样有快有慢，有长有短，如同绘画的运笔那样有疏有密、有浓有淡，显得婀娜多姿，新奇迭出。每篇优秀的论说文也都自成一个虽然大小不一，但都完整统一的体系，它往往不是平面的，而是立体的，如同建筑艺术那样，有的雄伟，有的庄严，有的奇异，有的秀雅，但都显得匀称、均衡，体现了适用和美观的统一。例如《过秦论》，我们可以借用周振甫在《文章例话》中所做的分析进行说明。它开头写秦国凭借形势之优越，想统一天下，像大海波涛的冲击，席卷而下。接着写小国连横抗秦，极力写九国的声势，用来抬高秦国的力量，造成了一个更高的浪头。接下来写秦始皇，“吞二周而亡诸侯，履至尊而制六合”，一直到“子孙帝王万世之业”，又卷来一个更高的浪头。再转到陈涉，写陈涉极弱，显得秦皇极强，可是强秦反为微弱的陈涉所败。这一段好比三峡在波涛奔腾中，忽然有了澄潭，浪涛低落下去，构成一个旋涡。在这旋涡里把九国的强盛而失败，同陈涉的微弱而成功互相对照，并用“天下云集响应，赢粮而景从”的山东豪杰并起来补充陈涉的微弱，在这两股激流的回旋中提高了水位，从而落到了秦朝的灭亡是由于“仁义不施，攻守之势异也”，显得非常有力。的确，像《过秦论》这样的论说文，由于它的论证过程和逻辑结构显示了一种特殊的“形象”，不但有一定的认识价值，而且富于审美价值。

欣赏何怀宏《生命的幸运》，则好像是一次愉快、充实的登山体验。如所周知，登山队要把路程分解成几段目标，采用“结组”方式循序前进。作为先遣队的第一组是两个女孩子，第一个讲了她出生“之后”有过的四次“蒙难”，譬如一次掉进了深潭，幸亏被妈妈一手拉住。她一出发就先占领了四个小小山包；刚刚驻足，另一位就紧跟上来了，说在还没有出生“之前”，“我”就有过两次生命危险，其中一次是外婆在战场上差点被子弹打中，倘若打中，外婆没有了，也就没有了“我”妈妈，哪里还会有“我”？——她也跨过两座山坡，登上了一个新的高度，于是她俩就此交谈心得：“她们共同的结论是：活到现在真不容易。”并且第一次眺望山顶风光：“确实，生命是一个幸运，甚至于，是一个奇迹。”接着队伍大大扩大了，包括进了“我们每一个人”。先遣队的所获是我们“已知”的危险，不管是在出生“之后”还是“之前”；下面所经历的是我们“未知”的危险，但接连三个“也许”却是化险为夷，讲的都是你的“幸运”。因为可能那天“有一个喝醉了酒的司机在那条路口开车撞倒了一个人”，而你，也许没有出门；出门了，也许“走的是这条路而不是那条路”；即使走的是那条路，“但你在那条路口前停了停，而没有径直往前走”。然而越看越为自己捏一把汗，这只要反过来想一想就会明白：你那天出门，出门走那条路，在那条路的路口未曾停一停，等等，都是大概率事件啊！作者作为一个登山向导，就这样领我们在不知不觉间走过了一条充满危险的上山小路，到达了更加接近峰顶的高度。此时此刻，向导警告我们，刚才所经历的都是“出生以后”我们所不知道的危险，并指给我们看那“出生以前”的危险，又是一连四个“也许”，都是“没有”发生而实际上极有可能发生的，看似“微小”而实际上可能于你关系极为重大的事情：这是一条始于前面已经走过的路之终点，直接通向峰顶的随时可能让你送命的崎岖险路。由于这些可能的危险都在出生之前，似乎“我”不可能感到自己的不幸，但高明的向导仿佛已经猜中我们的心思，于是提出了这样两个问题：“如果能感到自己的不幸呢？而又有多少有潜在的生命可能，却终于没有出生的‘人们’呢？”意在提醒我们务必意识到自己的幸运。这时原来离峰顶只有一步之遥，好像登山者回头一望，不由得会发出一声惊叹：真的好险啊！这里的“如果”，可谓笔力千钧，让你顿悟“生命的幸运”，就在这时你已经登上顶峰了：“珍惜它吧，你的生命，这是在无数的偶然性中，在各种各样的危险中很不容易才产生出来的、世界上最美丽的花朵！”

我国的书法艺术非常强调用笔，比如“落笔应无往不复，无垂不缩”（黄宾虹语），在往与复、垂与缩之间的对立统一中，表现出一种特殊的“笔力”。与此相类，优秀的论说文也往往通过破与立、开与合、正与反、擒与纵、进与退、藏与露、虚与实之间的对立统一，形成一种动态平衡结构，展示出一种特有的“气势”。如《伶官传序》，以庄宗之兴盛与衰亡互相对比，互相映衬，有抑有扬，欲抑先扬，同时以叙事与议论互相穿插，互相发明，虚实相间，以实务虚。作者的观点也就在虚实、抑扬之间由“虽曰天命，岂非人事”深化而为“忧劳可以兴国，逸豫可以亡身”，再深化而为“祸患常积于忽微，而智勇常困于所溺”（教学参考资料和一些分析文章以为作者在第一段就开门见山地提出了全文中心论点，这一说法至少是不全面的）。如《六国论》，或从肯定方面说，或从否定角度评；或总写赂者的破灭之道，或分述不赂者失败之由；或引用历史事实，或进行假设推理；或以比喻类推，或假形象刻画；或上下直接承接，或前后遥相呼应；或设问，或感叹……腾挪跌宕，多姿多彩。全文言在此而意在彼，藏而不露，引而不发，却更耐人寻味，发人深思。如《论雷峰塔的倒掉》，所论是倒掉之塔，但开头“听说”之后，却反过来先说未倒之塔，并由塔写到人——造塔之人与被镇之人，又由人写到塔，在这一往一复之间，进而由过去盼它倒掉的希望写到现在果真倒掉的欣喜，再进而写到造塔之人之下场的可悲可笑。论题是塔，中心是人，主旨却是鞭挞封建余孽。如《拿来主义》，立拿来主义，却先从破“送去主义”入手，先破后立，以破为立，预做铺垫。一破一立，一反一正，这是全文的波澜。揭露“送去主义”的危害，竟先肯定“能够只是送出去，也不算坏事情”，欲擒故纵，以退为进……这些又是大波澜中的小曲折，咫尺之间，一片烟波，给人以丰富的美感。

以前人们往往以为论说文和文艺作品的主要区别就在于一个是以理服人，一个是以情动人，甚至有人提倡写作论说文时应有不动感情、不动声色，既不表现作者，也不理睬读者的所谓“零度风格”。其实，优秀的论说文同时也能使读者动情，优秀的文艺作品同时也能使读者明理，“零度风格”决然写不出好的论说文。现代心理学告诉我们：不能把心智截然分割成情感生活和理智生活两个领域。皮亚杰认为：人的行为是一个整体，感情和理智生活相互联系，相互补充，“没有一个行为模式（即使是理智的），不含有情感因素作为动机”[①]。情和理总是你中有我、我中有你，相关相连、难解难分的。是其所是，必然爱其所是、美其所是；非其所非，必然憎其所非、丑其所非。贾谊对仁义不施的暴秦的否定、憎恶，透出于《过秦论》的字里行间。它所说的理透着情，燃烧着情，理也因此而发出更加夺目的光辉。论说文的理论美，固然首先在于它对客观事物真假、是非、好坏、功过的剖析，论断是真实的、正确的、深刻的，同时也在于表现了与之相应的爱憎、好恶、褒贬的倾向，两者相生相成，相得益彰，总是一致的、和谐的。

前人说欧阳修的史论文字“遇感慨处便精神”[②]，说的就是感情增添了议论的艺术魅力，这是一条普遍的美学规律，不独欧阳修为然。不过，感慨主要的并不像有人所说的那样是体现于用了“呜呼”“嗟夫”等词语，而是通过别的因素，除了结构的安排，就是在说理、论证的过程之中文字的驱遣。同一事实、同一思想既可以这样描述也可以那样表达，这主要取决于感情这一杠杆。《过秦论》头一段中“席卷天下，包举宇内”意思相同，“囊括四海之意，并吞八荒之心”意思相同，但这里用对偶的形式表现出来的重复，就有加强气势的作用。如果去掉《过秦论》中的

---

① ［瑞士］J. 皮亚杰，B. 英海尔德：《儿童心理学》，吴福元译，商务印书馆1981年版，第118页。

② （宋）陈骙，（元）李性学：《文则 文章精义》，王利器点校，人民文学出版社2016年版，第131页。

对偶、排比等，从逻辑上看可能不会受到任何损害，但那气势那情韵可就消失殆尽了，文章必将黯然失色。古人以为“文以气为主”，在论说文中，“气”指逻辑的力量，也包括感情的力量，缺一不可。但感情应当受到逻辑的规范，不能贪图一时之痛快而泛滥无归。

论说文毕竟是说明客观的事理的，不能凭主观好恶加以篡改，但以什么样的精神状态去说，归根到底表现在以什么样的词语句子去说却是大有讲究的。在论说文中，理论美依存于语言美。遣词造句的准确、生动能够给读者以一种美的愉悦，但需作者付出咬文嚼字的辛劳。鲁迅的《二丑艺术》中有这么几句：

> 义仆是老生扮的，先以谏净，终以殉主；恶仆是小丑扮的，只会作恶，到底灭亡。而二丑的本领却不同，他有点像上等人模样，也懂得琴棋书画，也来得行令猜谜，但倚靠的是权门，凌蔑的是百姓，有谁被压迫了，他就来冷笑几声，畅快一下，有谁被陷害了，他又去吓唬一下，吆喝几声。

开头写义仆与恶仆两个分句，句式、字数两两相等，而接着写二丑的可就完全不一样了。前者的两两相等，正是为了突出义仆与恶仆其为仆的相同，下文写二丑的“不同”就用与上文“不同”的句式、字数：形式强化了内容。至于“冷笑几声，畅快一下”与“吓唬一下，吆喝几声”更是意味无穷，若是改成“冷笑几声，畅快一下”与“吆喝几声，吓唬一下”或“畅快一下，冷笑几声”与“吓唬一下，吆喝几声”，那就几乎索然无味了。

总之，理论美和形象美、意境美是有相同相似相通之处的。论说文也富有形象，不过它往往是间接的、潜藏的；论说文也富有感情，不过它往往不是直露的，而是内在的，它们是构成理论美的不可或缺的两大要素。

原载《漫话文学语言》（王尚文著），
华东师范大学出版社2019年版

为《史记》而忍辱　因申愤而赴死

——《报任安书》解读

司马迁因当年为李陵辩护而被武帝处以宫刑——数十年来我对此一直深信不疑；最近读到清人赵铭在《琴鹤山房遗稿》卷五中所发表的见解，为我们深入解读此信，真正走进司马迁的心灵世界提供了一个全新的角度，顿时有豁然开朗之感。《史记》学博大精深，我仅凭阅读中一时感悟，说点一得之见，恳盼专家和读者不吝赐教！

赵铭说：

夫迁以救李陵得罪，迁但欲护陵耳，非有沮贰师意也。帝怒其欲沮贰师而为陵游说，则迁罪更不容诛。以武帝用法之严，而吏傅帝意以置迁于法，迁之死尚得免乎？汉法，罪当斩赎为庶人者，唯将军为然；而死罪欲腐者许之，则自景帝时著为令。张贺以戾太子宾客，当诛，其弟安世为上书，得下蚕室，是其明证。迁惜《史记》未成，请减死一等就刑，以继成父谈所为史，帝亦惜其才而不忍致诛，然则迁

> 之下蚕室，出于自请无疑也。迁《报任少卿书》曰，‘草创未就，会遭此祸，惜其不成，是以就极刑而无愠色。’又曰；‘仆诚已著此书，藏之名山，传之其人通邑大都，则仆偿前辱之责，虽万被戮，岂有悔哉！’寻文考指，当日迁所以请，与帝所以贳之之本末，犹可推见，史家讳不书耳。①

“史家讳不书”者，宫刑乃司马迁自请耳！于此史家为什么要为之讳？按常情常理，被处宫刑是奇耻大辱，特别是难以面对先人，岂可为免一死而自请之？！——我们要面对的问题是，赵铭做出“自请”这一结论的逻辑前提是，司马迁为救李陵，汉武帝给他判的究竟是死刑还是宫刑，如果直接就是宫刑，就根本没有“自请”的必要。所谓“自请”必基于被判死刑这一前提。再三细读赵铭的推理过程，确实具有极强的说服力。但是仅凭逻辑推理还是不够的，我从《报任安书》的遣词造句，找到了几个“自请宫刑”的内证，以资补充。首先是“因为诬上，卒从吏议”，初看似有模糊之嫌。汉律明文规定，“诬上”乃死罪，必判死刑无疑；而“吏议”只会从严，绝不可能减一等发落。司马迁未曾明确交代“吏议”的结果，盖“死刑”不言自明也；再者，不明说“死刑”也为不明说“自请”宫刑提供了空间——其实这距离“明说”只有半步之遥。其次，《报任安书》说“假令仆伏法受诛，若九牛亡一毛，与蝼蚁何以异？”，“伏法受诛”是司马

① 转引自韩兆琦：《史记选注集评》，广西师范大学出版社1995年版，第611—612页。

迁做出的一个假设，这一假设不言自明的前提就是当时所判实为死刑，因此才有写《报任安书》作“假令仆伏法受诛”的可能。又其次，信中说：

> 仆虽怯懦欲苟活，亦颇识去就之分矣，何至自沉溺缧绁之辱哉！且夫臧获婢妾，犹能引决，况若仆之不得已乎？所以隐忍苟活，幽于粪土之中而不辞者，恨私心有所不尽，鄙陋没世，而文采不表于后也。

“自沉溺缧绁之辱”，此说深可玩味。在死刑面前他不想也不愿更不能“苟活”——此处“苟活”起码有两重意涵：因怕死而求活；为活而活，这些都是他不会也不屑考虑的；所谓“自沉溺缧绁之辱”之“自”，无异于是说自己愿意求活，也就间接申明了“自请”的意思。而紧接着所说的“隐忍苟活”之所以能够成为事实，就是“自请宫刑”的结果，由于除了“自请”，没有别人为之关说。信里也写了当时孤立无援、无可告诉的窘境绝境：“家贫，货赂不足以自赎，交游莫救，左右亲近，不为一言。身非木石，独与法吏为伍，深幽囹圄之中，谁可告愬者！”换言之，除了“自请”，又有谁会愿意出面？细细品味，“所以……者，恨……也”这语气就表明“隐忍苟活”是出自他自己的主动选择而非他者强迫的结果。再其次，信中一再写到被宫所带来的耻辱和痛苦远远超过受诛就死，一再认定宫刑才是“极刑”：“行莫丑于辱先，而诟莫大于宫刑”，“最下腐刑，极矣”，“是以就极刑而无愠色”。关于“极刑”的词义我曾专门请教古汉语学者陈年福教授。承他微信回复说：

> 极，《说文》：“极，栋也。”本义为房屋正梁。引申而有“中”“顶点，最高”义，虚化为副词，义为“最，非常”。极刑，即极罚。（1）指最高的刑罚，多指称死刑；（2）指称严刑、酷刑。《中文大辞典·木部》：极刑，谓死刑也。《史记·邹阳传》：“李斯竭忠，胡亥极刑。”《文选·司马迁〈报任少卿书〉》：“是以就极刑而无愠色。”《六部成语·刑部》“极刑”注解：“极重之刑也。”《汉语大词典》1.酷刑，严刑。汉司马迁《报任安书》：“惜其不成，是以就极刑而无愠色。”《后汉书·班彪传》：“（司马迁）崇黄老而薄《五经》……此大敝伤道，所以遇极刑之咎也。”李贤注：“极刑谓迁被腐刑也。”2.处死；死刑。……据上，《汉语大词典》释义较《中文大辞典》准确。

从《中文大辞典》和《汉语大词典》的对比中，可以看出后者释义确较前者准确。《报任安书》中“是以就极刑而无愠色”这句话明显是回叙过往事情的已然语气，请看原文出处：

> 仆窃不逊，近自托于无能之辞，网罗天下放失旧闻，略考其行事，综其终始，稽其成败兴坏之纪，上计轩辕，下至于兹，为十表，本纪十二，书八章，世家三十，列传七十，凡百三十篇。亦欲以究天人之际，通古今之变，成一家之言。草创未就，会遭此祸，惜其不成，是以就极刑而无愠

> 色。仆诚已著此书，藏之名山，传之其人通邑大都，则仆偿前辱之责，虽万被戮，岂有悔哉！然此可为智者道，难为俗人言也！

《中文大辞典》将其训为“死刑”，其实是个笑话：已就死刑的人就是死人，死人又如何能够回忆并写出往事？《汉语大词典》移作“酷刑，严刑”的例句就对了。由于“极刑”的词义能游移于“死刑”“酷刑”两者之间，上引（唐）李贤注《后汉书》就曾直接将极刑训为“腐刑”；说司马迁当时被判“极刑”，也就没有违背原判死刑、宫刑乃其“自请”这一事实。司马迁有意讳言“自请”，遣词造句如此用心良苦，何以故？他先说：“事本末未易明也”，再说“事未易一二为俗人言也”，最后又说“此可为智者道，难为俗人言也！”可谓一篇之中三致意焉！两千多年以后，我们有责任把他的心曲大白于光天化日之下。

我要特别强调的是，司马迁假若当年被判死刑而就死，固然伟大；而主动自请宫刑以赢得写完《史记》的时间则更伟大。——自读到赵铭的发现，数日来常常夜难入寐，觉得不将司马迁这“更伟大”的一层表出，实在于心难安！一般而论，当时面对死刑当有两种选择，一是接受判决而就死，司马迁以为如此则毫无价值：“仆之先人非有剖符丹书之功，文史星历，近乎卜祝之间，固主上所戏弄，倡优畜之，流俗之所轻也。假令仆伏法受诛，若九牛亡一毛，与蝼蚁何以异？而世又不与能死节者比，特以为智穷罪极，不能自免，卒就死耳。”好在另外还有一个选择，这就是请求援引以前的判例，减为宫刑。说是“减刑”，但在司马迁心目里这实际上是比死刑更重的刑罚。死刑是结束一个人的肉体生命，而“人生自古谁无死？”宫刑虽能延续一个人的肉体生命，但人却必须承受永难摆脱的精神上、人格上的无比屈辱。宫刑对于一个视人格、人的尊严高于肉体生命的人来说，在死刑与宫刑之间，必然乐于受诛无疑。然而对于司马迁来说，事情却并没这么简单，死刑、宫刑的选择就是：是图一时之快而慷慨就死，还是忍辱被宫而写完《史记》？司马迁选择了后者，这是一个特别艰难的抉择，由于被宫而承受的屈辱是双重的，既有宫刑本身以及进一步由“自请”所带来的屈辱，更有时人、后人不明隐情而可能产生的种种误会所带来的屈辱，即所谓舆论的压力。但他坚信，《史记》重于一切，或说，《史记》才是他真正的生命，不仅此也，也是他父亲和家族最高的追求！他除此别无选择！为了《史记》，他一切都认了，一切都忍了！他为《史记》而忍辱求生，负屈致远，不愧为我国历史上最伟大的史学家！

但这并不是司马迁作为一个人的最伟大之处，他最伟大之处是在两千多年前三纲五常业已确立的汉武帝时代，能够毅然决然冲决“君为臣纲”的思想罗网，严正批判了刘彻的蛮横残暴。众所周知，君王的权威在先秦尚较宽松，但到汉代，三纲五常的邪说业已正式成为统治思想，皇帝以天子自命，代表的是天意，因而具有绝对的权威；然而司马迁没有屈服于“君为臣纲”的淫威，做一个“天王圣明，臣罪当诛”的奴才，而是坚定地以错为错，以恶为恶，以罪为罪，且并不仅仅腹诽而已，而是痛快淋漓地直陈其事，态度鲜明地分清是非。《报任安书》说“明主不晓”，几乎就是直面痛斥当时至高无上的皇帝。从这个角度看，司马迁是我国历史上专制帝制魔爪下最早的觉醒者、批判者、反抗者之一。

特别值得我们钦佩崇敬的是，司马迁并没有因他受到武帝蛮横、残忍的迫害而放弃作为一个史学家“不虚美、不隐恶”的“实录”精神、公正态度，在《史记》的写作中不泄私愤而给他以客观公正的评价。现在我们看到的《史记·武帝本纪》为后人补作，不足为据；《太史公自序》写道：“汉兴五世，隆在建元，外攘夷狄，内修法度，建封禅，改正朔，易服色。作《今上本纪》。”可见他对武帝基本上还是肯定的；同时也深刻地揭露了武帝的严刑峻法、好大喜功、虚伪残忍、嗜于杀戮等罪错。这也从另一方面表现了司马迁作为史学家的伟大。

对于司马迁来说，《史记》与《报任安书》是两类不同性质的写作，《史记》具有很强的文学性，但它毕竟是史学著作，所谓“史家之绝唱”是也；而《报任安书》是个人信件，从这一角度看，它具有接受对象的唯一性和内容的私密性，因此可以直抒胸臆，自由挥洒。它活生生地展现了人之为人的高贵精神处于巅峰阶段一种罕见的奇异状态，由忍辱求生而慷慨赴死。它不是诗，却能使人回肠荡气，刻骨铭心，甚至为之泣下，为之拍案而起！是实实在在的“无韵之离骚”。

司马迁先是忍辱求生。古人云，死，人之所难；有诗曰，千古艰难唯一死。避死求生，人性使然，无可厚非。但，舍生就死、慷慨赴死、视死如归者也向来不乏其人，无疑他们往往都是能够赢得人们尊敬的英雄。而司马迁精神的高贵却体现在对屈辱而生的追求、坚韧，当然这屈辱而生比立刻就死要艰难得无法相比、痛苦得无法相比！《报任安书》就把他这种艰难、这种痛苦表达得淋漓尽致，像爆发的火山一样喷泻出来，又像银河一样永远悬挂在人类精神的天空！司马迁在《报任安书》中一吐为快的强烈情绪、话语早已淤积于胸，任安的来书恰恰提供了倾诉的契机。这就有了这封回信的两种内容：一是本来要说而无处可说的内容，一是针对任安来书即答复所提要求（落难求援）的内容，前者是主要的，而后者又是前者得以倾诉的"由头"，因此两个内容又是相互关联不可断然分割的。由于是复信，必先从来信说起，得先向对方说明此时此刻回复的原因，讲了自己"身残处秽，动而见尤，欲益反损，是以独郁悒而与谁语"的处境。接着从正反两方面论述为人处世的基本原则，正面讲到"耻辱者，勇之决也；立名者，行之极也"，反面讲到"行莫丑于辱先，而诟莫大于宫刑"；而自己正是"辱先"的刑余之人，背负着历来无不以为耻辱、无论如何都无法开脱的污名，让对方明白自己难伸援手的苦衷。《报任安书》可以说是把个人天大的屈辱给写尽了，从而也把"忍辱"之痛苦的煎熬给写透了，因而说它是从古到今申愤之第一文，我想大家都会首肯的。读《报任安书》，犹如面对黄河壶口的怒涛！回顾当年冤情的始末，描述自己处境的险恶以及抉择的艰难，倾诉为人必须恪守的原则而自己又不得不求活的撕心裂肺之痛，罗列历史上前人正面反面的典型，等等等等，几乎都以排比的句式汹涌而至，大浪拍天！例如"太上不辱先，其次不辱身，其次不辱理色，其次不辱辞令，其次诎体受辱，其次易服受辱，其次关木索被棰楚受辱，其次剔毛发婴金铁受辱，其次毁肌肤断肢体受辱，最下腐刑，极矣！"一段，本也可用

"人之受辱"四字概括"最下"之前的全部，可司马迁偏要"太上……其次……其次……其次……其次……其次……其次……其次……其次……"一一历数之，最后才逼出"最下腐刑，极矣！"，这样"极矣"两字就有了泰山压顶般的分量。八个"其次"，一浪高过一浪，最后一浪好像自天而降，具有不可抵挡的气势。司马迁这不是在讲技巧、"做"文章，而是多年淤积于心的怨愤逼得他如此号啕痛哭，这般呼天抢地！这天大的怨愤、痛苦自然而然推动他手中的笔将这血泪文字喷涌而出！

再说慷慨赴死。了解了司马迁辱之大、忍之难，也许就会同意我"死于他无疑是一种极其奢侈的享受"这一判断。信中"明主不晓，以为仆沮贰师，而为李陵说游，遂下于理。拳拳之忠，终不能自列"这段话，如果脱离当时严酷的时代环境，说说历史上哪个皇帝的罪错，是再轻松不过的事，简直连"事"也说不上，但在司马迁当时却是性命攸关、极端严重的天大之事。这里必须说明一个细节：《报任安书》好像是一封具有私密性的个人信件，实际上则等同于公开信，已有文章指出，因为任安当时已关在死囚狱中，送信至此必须通过有关当局，哪有不被公开之理？司马迁明知此信极有可能会到武帝手里，仍旧照写不误；更大的可能是他就是为了让武帝看到才这样写的，说司马迁这是冒死挑战武帝一点都不夸张。对此，我认为他是自觉的，是有思想准备的："仆诚已著此书，藏之名山，传之其人通邑大都，则仆偿前辱之责，虽万被戮，岂有悔哉！"我甚至认为司马迁这就是为一雪前耻而主动求死！那么，他到底是怎么死的？这个问题史学界聚讼纷纭，莫衷一是。浅见以为必须给予《汉书·司马迁传》的有关记载以充分的尊重：

> 迁既被刑之后，为中书令，尊宠任职。故人益州刺史任安予迁书，责以古贤臣之义。迁报之曰：（下录《报任安书》全文，此略）迁既死后，其书稍出。[①]

《汉书》的这种写法极不寻常：怎么录完《报任安书》后紧接着就写“迁既死后”？上文明明没有写完，接着下文就马上另起一头；司马迁的生平只写到他写《报任安书》为止，下面就写死后的事了。我们不应怀疑班固的写作水平是否及格，也不应怀疑他的写作态度是否严谨（《报任安书》就是由他搜罗、录入《司马迁传》的，因而才得以流传至今，可见他的严肃认真）。非常明显，班固这是有意留白，故意卖个破绽。我们再看《司马迁传》的“赞曰”如下文字：

> 乌呼！以迁之博物洽闻，而不能以知自全，既陷极刑，幽而发愤，书亦信矣。迹其所以自伤悼，《小雅·巷伯》之伦。夫唯《大雅》“既明且哲，能保其身”，难矣哉！

把上面的特别刺眼的空白，和这里特别醒目的“不能……自全”联系起来，只要我们不带偏见，就能一望而知：司马迁是被

① （汉）班固编撰：《汉书》，赵一生点校，浙江古籍出版社2000年版，第844—847页。

害而死的。班固不直书其事，完全可以理解。和班固同为东汉初年人的卫宏，在其《汉书旧仪注》中就明明白白地写道："司马迁作《景帝本纪》。极言其短及武帝过。武帝怒而削去之。后坐举李陵，陵降匈奴，故下迁蚕室。有怨言，下狱死。"①"下狱死"是因《报任安书》中白纸黑字的"怨言"，我以为无可怀疑。司马迁为《报任安书》付出了生命的代价，可谓求仁得仁。

确实，《报任安书》是一封向世人的告别信，给历史的自白书！更是对武帝的控诉状、决裂书，足以动天地、泣鬼神！可以说是司马迁对人类精神宝库的伟大贡献！

原载《中学语文教学》2018年第10期

① 张大可、丁德科主编：《史记论著集成》（第十卷），商务印书馆2015年版，第24页。

吕叔湘“语文质量”说浅见

近日重读《吕叔湘语文论集》(商务印书馆1983年版)，惊喜地发现吕先生早在1963年写的《关于语文教学的两点基本认识》一文中就已提出“语文质量”这一概念。他虽未就这一概念本身展开系统、深入的论述，甚至没有给出一个明确的界说，看起来好像只是在行文时不经意地带出而已，但其意义却千万不能也不容小觑。我阅读时不胜感叹：倘若我们语文教育工作者当年就能够充分重视吕先生提出的“语文质量”及相关理念，五十多年来我们的语文教学可以少走多少弯路啊！联系我自己近年关于“语文品质”的思考，不禁想起《庄子·秋水》里的话：“吾非至于子之门则殆矣，吾长见笑于大方之家。”

一

我所说的“语文品质”其实就是吕先生所说的“语文质量”，却比他晚了五十几年。首先，“品质”和“质量”本来就是同义词，起码两者的含意、运用都有交集的部分。梅家驹等编的《同义词词林》就将“品质”“质量”归为同义词。[①]袁晖主编的《新华同义词词典》阐释了“品质”的词义后，特别注明：“‘品质’还可表示物品的质量”[②]；张志毅、张庆云编著的《新华同义词词典（中型本）》同样说明“品质”“有时指物品的质量”[③]；朱景松主编的《现代汉语同义词词典》也认为“‘品质’还可以表示产品的质量”[④]。可见从词义的角度看，“语文质量”与“语文品质”可以说就是同义词。

其次，也更重要的是，吕先生所说的“语文质量”和我所说的“语文品质”所指也基本相同。“语文品质”是指一篇言语作品在遣词造句、谋篇布局等方面表现出的语言表达水平的高下优劣，而非它的内容品质如何；仔细研读吕先生的相关文字，可以肯定，他所说的“语文质量”基本上也就是指一篇文章“用字眼、造句子”[⑤]的好坏状态。《关于语文教学的两点基本认识》一文有两处提到“语文质量”。一处是：

> ……我要代语文教师呼吁一下，请求各科的同事和他合作，都来关心学生的语文，对学生的语文负责。消极方面，给学生树立好榜样。如果语文老师说某一个字不能这样写，学生说数学老师就是这样写，语文老师怎么办？积极方

---

① 上海辞书出版社1983年版，第123页。

② 商务印书馆2003年版，第195页。

③ 商务印书馆2005年版，第530页。

④ 语文出版社2009年版，第655页。

⑤ 吕叔湘：《吕叔湘语文论集》，商务印书馆1983年版，第331页。

面，各科教师都应该要求学生在回答提问和书面作业的时候正确地使用语文。不能因为不是语文课就可以在语文上马马虎虎；正如语文课虽然不讲各科知识，可是不能让学生在作文里任意颠倒史、地、理、化方面的事实。分科教学是为了工作的便利，学生所受的教育是整个的，是不能割裂的。不但各科教师，学校行政也应该关心学生的语文，对学生的语文负责，每出一个布告，每发一个通知，每作一个报告，都应该检查一下语文质量，包括错别字在内。总之，要在整个学校里树立起正确使用祖国语文的风气，学生生活在这样的环境里，正如蓬生麻中，不扶自直。①

另一处是：

平心而论，近年来出版物的语文质量是大有提高的。但是出版物是如此之多，光是大大小小的报纸，一天就得印出几百万字，哪能尽如人意？②

从以上所引文字，我们分明可以见出如下两点。一是"语文质量"说的就是语言作品能否"正确地使用语文"，而语文的使用说的就是遣词造句，再就是谋篇布局，当然也包括汉字的书写。由此做出"语文质量"和"语文品质"所指基本相同这一判

① 吕叔湘：《吕叔湘语文论集》，商务印书馆1983年版，第334页。

② 同上书，第335页。

断是符合事实的，是完全能够成立的。二是“语文质量”和“语文品质”衡量的具体对象都是语言作品的语言表达，而非语言所表达的内容。吕先生所说的“每出一个布告，每发一个通知，每作一个报告，都应该检查一下语文质量，包括错别字在内”，一望而知，他所谓“语文质量”显然是指“包括错别字在内”的语言表达情况如何，而不是指布告、通知、报告写了说了什么内容。上引第二段引文所说的“大有提高的”毫无疑义地也是指“近年来出版物的语文质量”即“包括错别字在内”语言文字使用方面的质量。

如果我一开始想到“语文品质”这个概念、拟做较为深入系统的探讨时，就能发现吕先生的“语文质量”的说法，我可能不会再用“语文品质”，两者同义，何必另起炉灶呢？不过现在，我却希望能够继续沿用“语文品质”。主要理由是，据《汉语大词典》的解释，比起“质量”，“品质”一词似乎与人的行为和作风所显示的思想、认识、品性有较为密切明显的联系。[①]而我始终认为遣词造句、谋篇布局固然是一种技能、技巧，但往往不可能和言语主体的思想情感个性等完全脱钩，恰恰相反，两者的联系常常是相当紧密的。试比较：

> 在我的后园，可以看见墙外有两株树，一株是枣树，还有一株也是枣树。（鲁迅《秋夜》）

---

① 罗竹风主编：《汉语大词典》，汉语大词典出版社1997年版，第1578页、6031页。

在我的后园，可以看见墙外有两株枣树。

言语主体之所以这样写而不那样写，之所以这样说而不那样说，起主导作用的明显就是思想感情，绝对不单纯是技能、习惯的问题。正是在这一点上，我觉得吕先生的相关表述有欠周到之处。他说：

> 现在来谈谈学习语文的过程。使用语文是一种技能，跟游泳、打乒乓球等等技能没有什么不同的性质，不过语文活动的生理机制比游泳、打乒乓球等活动更加复杂罢了。任何技能都必须具备两个特点，一是正确，二是熟练。不正确就不能获得所要求的效果，不成其为技能。不熟练，也就是说，有时候正确，有时候不正确，或者虽然正确，可是反应太慢，落后于时机，那也不成其为技能。从某种意义上说，语言以及一切技能都是一种习惯，凡是习惯都是通过多次反复的实践养成的。①

这些话都没错，但说“使用语文是一种技能”；“从某种意义上说，语言以及一切技能都是一种习惯，凡是习惯都是通过多次反复的实践养成的”，都没有提到言语主体的思想情感在“使用语文”过程中的作用，不能不说是留下了遗憾。特别是《关于语文教学的两点基本认识》是把“从事语文教学必须认清人们学会

① 吕叔湘：《吕叔湘语文论集》，商务印书馆1983年版，第331页。

一种语文的过程”作为“两点基本认识”中的一点来说的：

> 我要谈的有两点。第一，我认为每一个做教学工作的人必须首先认清他教的是什么。……其次，我认为从事语文教学必须认清人们学会一种语文的过程。[①]

语文是人文课程，“学会一种语文的过程”绝无可能与学习者的精神世界是绝缘的。“语文质量”“语文品质”，以何者为宜，浅见谨请方家和同行们指教。

二

倘若我的一得之见果真有点道理，那也并不说明我在这个问题上就比大家、权威高明。在我有关“语文品质”的系列文章里，没有怎么提到错别字的问题，而吕先生就一再指出语文质量“包括错别字在内”，在这本集子里还有专文《错字小议》加以论述。该文精辟地分析了错字的来源、发现的难易、后果的轻重，等等，最后还提出了有效的应对办法。

据我在《吕叔湘语文论集》一书中搜寻与语文质量相关的部分，无不论述精辟，见解独到，至今仍然具有很高的价值。限于篇幅，我这篇短文无法做全面的引述，只能约略地谈谈自己的一点学习心得。

首先是他对语文质量的重视。值得我们特别注意的是，他认

---

① 吕叔湘：《吕叔湘语文论集》，商务印书馆1983年版，第321页。

为“语文”不单是语文老师的事，各科老师和学校行政领导既不应该也无可能置身事外，大家应对学生的语文共同负起责任来，因为“正确使用祖国语文”，在学校里又有谁能够例外呢？他一再强调“用字眼、造句子”不是无关紧要的所谓“小节”。例如有的新闻报道常有时间、地点、数目前后账合不拢的问题，他举了《人民日报》上面的一个例子：“1924年沙特攻占汉志，把侯赛因逐出阿拉伯半岛……侯赛因被逐出阿拉伯半岛后，英国于1921年扶植他三子费萨尔为伊拉克国王。”吕先生说：“这里的1924和1921合不拢。如果这两个年份都不错，‘侯赛因被逐出阿拉伯半岛后’的‘后’字就有问题。”[①]吕先生就此指出：

> 也许有人会说，“文章的好坏岂在于这些小节？”我是不能同意这种看法的。文艺作品里时间账、地点账、数目账合不拢。
>
> ——例如《红楼梦》里某些人物的年龄变化，某些事件的时间关系，就有这种情形——也许不损害作品的伟大，可仍然不能不说是‘白璧之微瑕’（因此有些小说作家写作时先拟好‘虚构’的年表、地图等等）。非文艺作品特别是新闻报道里，要是出现类似的情形，问题就不那末轻松了。[②]

这类问题在报纸、杂志、书籍中尚且不是小事，对于专门学

---

① 吕叔湘：《吕叔湘语文论集》，商务印书馆1983年版，第283页。

② 同上书，第285页。

习正确使用祖国语文的语文课来说，应该就是天大的事情了！

我觉得，一篇文章的语文质量高下优劣，以及能否对其高下优劣做出准确的判断，取决于文章作者和评论者的态度是否认真，语感是否敏锐。从上文之例我们就可真切地感受到吕先生极其认真的态度和极其敏锐的语感。许多作者、编辑、老师（包括教授、博导）就缺乏吕先生这种较真的精神和敏锐的感觉，常常弄得笑话百出。吕先生就曾发现这样的例子：

> 《人民日报》今年八月三十一日第六版《非洲三国友谊行》第一句是‘七月底到八月中旬的非洲，阳光灿烂，繁花似锦……’。按说非洲是个相当大的地方，北起北纬37.5°，南至南纬35°，差不多一半在北半球，一半在南半球，好望角附近的季节跟地中海沿岸恰好相反。标题里的非洲三国是索马里、加蓬、喀麦隆，都在赤道附近，这里一年四季都是‘阳光灿烂，繁花似锦’，不限于七月八月，可是笼统地说整个非洲在这个季节都是这般模样，就不太准确了。[①]

从这个例子还可见吕先生知识之广博丰富。语文是语文，又不单单是语文，正确使用祖国的语文，把语句写通顺，把意思说明白，岂易言哉！最近我看到这么一个大笑话：

> 某211名校有这么一位教授，……在其专门评价人物的

① 吕叔湘：《吕叔湘语文论集》，商务印书馆1983年版，第287页。

> 大作中有这么一段类似相声小品的文字：李自成的爱将刘宗敏抢夺了安禄山的爱妾，导致了太平天国的失败。[①]

说实在的，我笑不出来！

语言文字的使用，对于个人来说有时关乎人品，在某一时段许多人所表现出的共同特点，还可能形成一时之文风。吕先生指出：“文风问题牵涉到许多方面，从思想方法到选词、造句、使用标点符号，都有关系。”对我们当下特别有警示意义的是他对中学生“多用套语”的恳切批评。在《文风问题之一》一文中，他说曾看到几篇竞赛得奖的中学生作文，把其中有代表性的几个段落抄录下来，并做了语重心长的点评。他尖锐地指出：“多用套语不是写文章的正经路子；相反，很容易把写作的人引到邪路上去。”限于篇幅，我只录如下一段：

> 青春啊，该怎样度过？“人最宝贵的是生命，生命属于我们只有一次”，而在这仅仅一次的生命中，迸发着火花的青春时代更是短暂，更为宝贵。该怎样度过，该怎样度过呢？
>
> 我不愿干“少壮不努力，老大徒伤悲”的蠢事，做“金玉其外，败絮其中”的庸人；我讨厌整天无所事事，只顾自己小家庭的可怜虫。
>
> 我要学习雷锋……

① 吴泽顺：《野猫禅》，吉林文史出版社2014年版，第26页。

我要学董存瑞……

我要学×××、×××。他们在“为祖国而学”的巨大动力推动下，付出了艰苦的劳动和心血，凭着他们坚韧不拔的革命毅力，顽强刻苦的学习精神，攻克了科学道路上的一道道关卡，创造出“惊人的结果”。他们是中国青年的骄傲，是我们的榜样，他们的青春是绚丽多彩的。

让我吃惊的是，把这段文字请好几位现在的中学生和大学中文系学生看，他们竟然不约而同地一致认为文章不错，有一位中学生还说，这样好的文章，我是写不出来的：足见已经病得不轻！吕先生特别提醒语文教师、报刊编辑不要有意无意地把多用“现成话语”作为写作语言表达的导向。比起吕先生当年所见，这种文风现在似乎有过之而无不及。笔在邪路上走，实际上是人在邪路上走，竟不自知为邪，或以为这就是康庄大道，值得引起我们高度警惕！

与文风相关的问题，特别明显的还有吕先生指出的下面两个问题。其一是乱用成语。吕先生说：“成语之类的东西，当然有用，是要用得恰到好处。什么叫恰到好处？有两层意思。第一，要在非用不可的时候才用……第二，不能接二连三地用。”如：

丹东三面环山，一面临水，山光水色，引人入胜。西哈努克亲王和夫人，英萨利特使和其他柬埔寨贵宾们小憩之后，登上锦江山顶的锦江亭，凭栏远眺，俯瞰全景。山上佳木葱茏，江里春水溶溶，远近屋宇栉比，舟车往返频繁，呈

> 现出一片生气勃勃的景象。西哈努克亲王意兴盎然，谈笑风生，不时拿起望远镜浏览景色，赞扬丹东市的建设成就。

吕先生问：“读者同志，您欣赏不欣赏这一段‘佳作’？我是非常抱歉，一点不能欣赏。”[①]

其二是要“花腔”。我觉得问题比多用成语又要严重得多。先看他发现的《人民日报》上的例子：

> 乘晨曦，采一把带露的鲜花，摘几枝含苞的杨柳，这是时间留下的见证……
>
> 我看见，你们用炽热的鲜血浇出青松绿杉的圈圈年轮；高楼矗起，你们向宇宙探讨着人生……
>
> 时间啊！有时像雷电一闪而过，……有时把希望、回忆压缩在流水之中。

吕先生指出：“这就是那种扭扭捏捏的‘花腔’。这种文章乍一看似乎很漂亮，可是禁不起推敲。拿上面抄来的例子来看，试问：含苞的杨柳是个什么样儿？又怎么是时间留下来的见证？怎么用鲜血浇出年轮，怎么向宇宙探讨人生？时间又怎么压缩希望和回忆，怎么把它压缩在流水之中？三问两问就变成一堆无意义的废话。作者能用大白话说说究竟都是些什么意思吗？”[②]

---

① 吕叔湘：《吕叔湘语文论集》，商务印书馆1983年版，第301页。

② 同上书，第292页。

以上内容，只是管窥筐举而已；有的人或许会嫌太琐碎，其实这绝不是琐碎，而是具体。据我个人的体验，说语文品质，谈抽象的原则、标准容易，难就难在具体，不做空头文章；至于要说出之所以如此判断的道理来，那就还得有精深的理论修养。总之，论者的水平往往就体现在具体上。

读吕先生的文章，能够真切地感受到高山大海般的大家风范，由于学问的深广扎实，所说往往发人所未发，举例则是信手拈来，无不自然、生动、确切，语言表达具有极高的语文品质，总是让人如坐春风，享受到一种审美愉悦。

原载《语文品质谈》（王尚文著），

华东师范大学出版社2010年版

语文品质的基本要求（一）：清通

衡量一篇语言作品的语文品质如何，应当有个标准。由于相关标准不止一个层次、一个方面，还得建立一个标准体系。这不是一件容易的事情；由于事关重大，它又是一件非常严肃的事情。我参考了前辈的一些研究成果，提出了一个初步的小小体系，它包括如下两个层次："基本要求"和"审美层次"。关于基本要求，有四个方面。就文章本身字词句段之间的关系而言，是"清通"，也就是文从字顺，符合语法、逻辑和言语习惯；篇章结构合理、条理清晰。就文章与外部世界的关系而言，首先是"适切"，指文章表达的意涵与作者的言语意图要贴合，内外无间；其次是"准确"，指文章所表达的与表达对象的实际情况要一致，不能走样；第三是"得体"，指文章的语气、言语色彩等要契合文章作者与读者的真实关系，文章作者要摆正自己的位置，认清自己的角色。关于审美层次，我想以"语文审美品质面面观"为题，只做些举例性质的说明。以上所说的基本要求和审美层次，相关研究可谓多矣，我只能从语文品质的角度说点个人的学习心得，零碎而又肤浅，恳望读者见谅。

首先是“清通”。《文心雕龙·才略》：“温太真之笔记，循理而清通。”现代修辞学家陈望道也曾提过“清通”的要求。[①]现在我们一般只说“通顺”，确实，遣词造句，“通顺”是最基本、最起码的要求。文章就像一条溪流，溪水应当流得通畅，无阻碍，无扞格。所谓语句不通，一般是字词与字词之间，不能搭配的硬生生把它们扯在一起，就像戏曲里演的“拉郎配”。如“很差强人意”这样的搭配不合逻辑，“很”是副词，表示程度相当高，与“甚”同义。而“差强人意”的“差”，也是程度副词，与“尚”“略”“稍微”“勉强”等同义，所表示的程度恰恰与“很”相反，怎么能放在一起形容同一个对象呢？另一种比较常见的情况就是语句看上去是通顺的，但语句的意思或有歧义或晦涩难懂。例如网上有篇题为《阿富汗的选择》的报道[②]：

> ……众多总统候选人中，拉苏尔、阿卜杜拉和贾尼比较拥有竞争优势。拉苏尔来自普什图名门望族。他不但主张改革，有群众基础（在阿富汗长老会很有影响力），而且深得卡尔扎伊总统的信任和扶持。卡尔扎伊拒绝在美阿安全协议上签字、释放塔利班犯人，以及说服其哥哥退选，都是为支持拉苏尔当选。

光看这段文字，我就闹不清，“释放塔利班犯人”到底是卡

① 陈光磊、李熙宗编：《陈望道论语文教育》，河南教育出版社1989年版，第100页。

② 《东方早报》2014年4月4日。

尔扎伊“拒绝”的宾语，还是卡尔扎伊作为主语的谓语。换言之，“释放塔利班犯人”究竟是卡尔扎伊的政见还是美国的主张，没说清楚。出版物、媒体上类似的情况不少。

2014年高考已经过去了，各种（包括各省）的语文高考试卷也都陆续公布了。在我的心目里，高考试卷有它的严肃性，甚至神圣性，但不少语文卷子竟也有语文品质方面的瑕疵。下面举出数例语句不通之处——当然也极有可能是我以是为非；好在语句通与不通是有客观标准的，是非自有公论，岂能容我一人胡说八道！

某卷论述类文本阅读题：“有的人年龄虽然不大，但却走过许多地方，经过诸多历练，体验过各种身份和角色，经历过复杂岗位的锻炼和艰苦生活的磨砺……”“阅历则是一个人对社会、对事件的经历及理解程度”。何谓“复杂岗位”？以“复杂”修饰“岗位”，我以为就是“拉郎配”。“阅历则是一个人对社会、对事件的经历”，没有问题，但说“阅历”是“……理解程度”就不合我们的言语习惯了。

某卷阅读题：“技术是艺术生产的组成部分，艺术的创作与传播从来没有离开技术的支持。但即便如此，技术也从未扮演过艺术的主人。”在现代汉语里，“即便”略同于“即使”，表示假设的让步。但此处“技术是艺术生产的组成部分，艺术的创作与传播从来没有离开技术的支持”说的已是既成事实，“即便”用在这里，显然无此必要，用表示转折的“但”已经足够，“即便如此”四字多余。

某卷阅读题：“说到底，艺术之所以为艺术，不在于认识，不在于教化，而在于给人想象的空间和情感的慰藉，是对遭受异化痛苦的人们所进行的精神关怀。”“进行……关怀”，明显不通。这又使我联想起了2014年4月11日《文摘周报》上《公务员工资向基层倾斜》一文中的句子：“……同时，工资体系也适当向基层公务员进行倾斜。”“进行”可删！应删！必须删！就像“进行吃饭”“进行走路”，还有这里的“进行关怀”中的“进行”一样。

某卷阅读题：“人是建筑服务的主要对象，人一直处在不断的繁衍和传播之中……”，说“一直处在不断的繁衍之中”，通；但“传播”一词一般都不指人，换成“迁徙”“播迁”等词会更恰当。

某卷阅读题：“大数据教育提供了另外一种可能，标准化的教育将转向网络完成，而人才培养和个性化将主要由学校承担：越来越小的班级、越来越近的学校、越来越聚焦的教育支持、越来越个性的培养方式。”“越来越聚焦的教育支持”，显然无此说法。

需要说明的是，阅读题的阅读材料都取自正规出版物（有的做了删节），其中的错误一般出自出版物作者的笔下，命题者只是失察而已。

我之所以不提“通顺”而提“清通”，是因为在语言表达中还有“通”而不“清”的现象——“清”与“浊”相对；文句看起来是通的，但所要表达的意思却并不清楚不明白，或是句与句之间似连非连，疙疙瘩瘩，等等——值得引起我们的重视。吕叔湘、朱德熙曾指出，语言表达就是表之于外、达之于人。表之于外，就是为了达之于人，而达之于人，是为了让人明白你表达的内容、意图等，否则一切等于白费，徒然浪费了别人的和自己的宝贵时间不说，可能还会因此而误事，甚至是大事。因此，表达者的表达一定要让人听清楚、看明白，懂得你的意思；也就是不晦涩、不糊涂、不别扭，没有歧义，不会引起误解——当然误解也可能由于听者、读者的原因而产生，在此勿论。

不少出版物的语文品质也不敢恭维。如“康熙自己对《四书》不仅‘日日读书，而且还字字成诵’……”[①]看来就是说“康熙不仅日日诵读《四书》，而且还能字字背诵”这点意思，为什么写得那么别扭呢？“日日读书”之“书”与上文《四书》重复，尤其从逻辑看，“日日读书”之“书”与“四书”似乎也没必然关系。《皇帝读书纵横谈》一文是这样写的：“他从5岁开始读书，8岁登极，从此于儒家经典日日必读，字字成诵。”[②]这就清通多了。

让人有点哭笑不得的是郑州2014年民办初中“小升初”的一个题目：

> 50人有50条狗，有病狗，只能观察其他人的狗，只有主人才能打死狗。不能交流，不能通知狗的主人。如果推断出自家狗是病狗，就要枪毙，只能枪毙自家狗。第一天没有枪声，第二天有一阵枪声。问有几只病狗？[③]

---

① 冯其庸：《冯其庸文集》（卷九），青岛出版社2012年版，第143页。

② 散木：《皇帝读书纵横谈》，见向继东编选：《2007中国文史精华年选》，花城出版社2008年版，第221页。

③《读写月报·新教育》2014年7月。

一句一句单独看，似乎都通，但如此这般连在一起，就有点搞笑的意味了。然而，这不是搞笑，而是“小升初”试卷上的一个题目。

清通与否，不仅仅是语句方面的问题，一篇文章的段落、层次也有同样的问题。有的文章里，这一句或这几句和别的几句或一句，不是顺着同一个意思或同一件事情说下来，而是毫无过渡地说另一个不相干的意思或另一件无关联的事情；还有就是段落与段落之间相互脱榫，不连贯，无照应，等等。但要举例，篇幅就会拉得很长；而且相对比较少见。清通，毕竟主要是语句方面的要求，也最容易在这上头犯错。

最后，且引周有光《语文闲谈》抄录的一首诗来结束这个话题：

文章留待别人看，晦涩冗长读亦难；
简要清通四字诀，先求平易后波澜。[①]

原载《语文学习》2015年第1期

① 钱昌照：《简要清通诗》，见周有光：《语文闲谈精选本》，辽宁人民出版社2011年版，第76页。

语文品质的基本要求（二）：适切

一

人是语言的动物，生活在人与人的对话关系之中。作为一种行为，言语，如偶尔的自言自语，往往是无意识的；某些时候，如寒暄、随意的交谈，有意识然而不强；但一般的言语行为都具有自觉的意图，它是言语行为的动机和理由。从语文品质的角度看，总是要求遣词造句、谋篇布局对于言语意图具有适切性。游离于言语意图之外的所有言语都是赘疣。

据报道，2014年7月22日，联合国安理会在通过关于马航MH17客机的2166号决议时，曾因行文中究竟是用“被击落”还是“坠落”发生过激烈争论。从表面看来，仿佛都是“落”，“被击落”“坠落”似乎也差不了多少；但主张“坠落”者却坚持不肯让步，据知是为了淡化惨烈程度，以减轻事件已经形成的对自己的巨大压力。说话、作文时如何遣词造句、谋篇布局往往受到说话、作文者意图的支配和监控，换言之，言语意图是遣词造句、谋篇布局幕后的导演。言语意图的实施，当然离不开言语内容——说什么；不过必须指出的是，与其说主要依靠言语内容，不如说是主要依靠言语形式——怎么说更加切合实际。尽管影响怎么说的因素不少，但遣词造句、谋篇布局的讲究不可或缺，甚至有着特殊的重要性。《欧叶妮·格朗台》中的格朗台，其实说话非常流利，但有时却会假装磕巴：

> ……磕磕巴巴地让商业对手着急，忙于替他表达思想，从而忘掉自己的观点。而今天晚上要谈的问题的确更需要装聋、装口吃，更需要用莫明其妙的兜圈子来掩盖自己的真思想。首先，他不愿对自己的主张承担责任；其次，他又愿意说话主动，让人摸不透他的真正意图。①

格朗台的磕巴当然是一个极端的例子，但为了实现言语意图，遣词造句的推敲、谋篇布局的斟酌肯定是一条普遍规律。

由上述普遍规律又衍生出如下两种现象：一是，言语意图有当场就说出来的，也有试图藏起来的；说出来的也有真有假；无论真假，也无论意图说出与否，意图一定会在遣词造句、谋篇布局中有所体现，只是有隐晦曲折与清楚明白的区别而已；然而可以肯定的是，体现于遣词造句、谋篇布局的言语意图又一定比言语主体自己说出来的更真实、更可靠。二是，言语意图往往并不单一，甚至有多个意图同时在起作用，其主次强弱也会在遣词造

① ［法］巴尔扎克：《高老头 欧叶妮·格朗台》，韩沪麟、李恒基译，译林出版社1998年版，第278页。

句中留下痕迹。请看《红楼梦》第六回中的一段描写：

……（周瑞家的）又问刘姥姥："今日还是路过，还是特来的？"刘姥姥便说："原是特来瞧瞧嫂子你，二则也请请姑太太的安。若可以领我见一见更好；若不能，便借重嫂子转致意罢了。"

周瑞家的听了，便已猜着几分来意。只因昔年他丈夫周瑞争买田地一事，其中多得狗儿之力，今见刘姥姥如此而来，心中难却其意；二则也要显弄自己体面，听如此说，便笑说道："姥姥你放心。大远的诚心诚意来了，岂有个不教你见个真佛去的呢！论理，人来客至回话，却不与我相干。我们这里都是各占一枝儿：我们男的，只管春秋两季地租子，闲时只带着小爷们出门子就完了。我只管跟太太奶奶们出门的事。皆因你原是太太的亲戚，又拿我当个人，投奔了我来，我就破个例，给你通个信去。

……刘姥姥道："阿弥陀佛！全仗嫂子方便了。"周瑞家的道："说那里话！俗语说的：'与人方便，自己方便。'不过用我说一句话罢了，害着我什么。"[①]

刘姥姥对周瑞家的问是路过还是特来的回答，便把前来寻求救济的意图在字面上藏起来了，但已相当透明，只是隔了薄薄的一张纸而已，以勉强保住自己最后那一点点尊严。接下来周瑞家

① （清）曹雪芹，高鹗：《红楼梦》，人民文学出版社1982年版，第98—99页。

的“便笑说道”的话语，就有两个意图。第一个意图主要体现于言语内容中，第二个自然不宜直说，但既然要“显弄”，就只有在遣词造句上做文章了，尤其是“不过用我说一句话罢了，害着我什么”这一句，不仅说明自己是能在太太面前说得上话的人，而且是说话管用的人，更是“说一句话”就管用的人——“显弄”之意昭然，但也没有过分，还是相当得体的。两个意图前者为主，后者为从。

这里我们要趁曹雪芹提供的这个机会说一说言语意图和言语主体价值观的关系。周瑞家的这番话的主要意图是答应帮刘姥姥的忙玉成此事，言语间透着亲切、体谅，原因是：“只因昔年他丈夫周瑞争买田地一事，其中多得狗儿之力，今见刘姥姥如此而来，心中难却其意”，看来她还是念旧的，于别人曾经帮过的忙懂得有所回报，她真的不算势利，尚存恻隐之心、悲悯之意。也许都是成年妇女的缘故，也许都是由于大文学家的提携而得以真正永垂不朽的缘故，我由周瑞家的联想起了鲁迅笔下《朝花夕拾》里的衍太太：

> ……假如她看见我们吃冰，一定和蔼地笑着说，“好，再吃一块。我记着，看谁吃的多。”
>
> ……我已经十多岁了，和几个孩子比赛打旋子，看谁旋得多。她就从旁计着数，说道，“好，八十二个了！再旋一个，八十三！好，八十四！……”但正在旋着的阿祥，忽然跌倒了，阿祥的婶母也恰恰走进来。她便接着说道，“你看，不是跌了么？不听我的话。我叫你不要旋，不要旋……。”

> ……父亲故去之后，我也还常到她家里去，不过已不是和孩子们玩耍了，却是和衍太太或她的男人谈闲天。我其时觉得很有许多东西要买，看的和吃的，只是没有钱。有一天谈到这里，她便说道，“母亲的钱，你拿来用就是了，还不就是你的么？”我说母亲没有钱，她就说可以拿首饰去变卖；我说没有首饰，她却道，“也许你没有留心。到大厨的抽屉里，角角落落去寻去，总可以寻出一点珠子这类东西……。”这些话我听去似乎很异样，便又不到她那里去了，但有时又真想去打开大厨，细细地寻一寻。大约此后不到一月，就听到一种流言，说我已经偷了家里的东西去变卖了，这实在使我觉得有如掉在冷水里。

“好，再吃一块……”“好，八十二个了！再旋一个，八十三！好，八十四！……”，等等，诱导怂恿的意图真是跃然纸上，“心术不正”应该算是比较宽容的评语了。不过，衍太太能力毕竟有限，手段也并不高明。她和那些专事设置陷阱，以言语忽悠让人往里面钻的人实不可同日而语。

二

人的本质、人的个性在很大程度上其实就是人的欲望、需求、意图。对话，有时就是相互间意图的揣摩、验证、交流；但往往不是直话直说，而是如塞尔的间接言语行为理论所揭示的，是通过字句的表面意思来表达间接的“言外之力”，也就是说，字句直接表现出来的意图并非真正的意图，而是实施真正意图的载体，“这”字句和“那”意图之间当然并不完全吻合，甚至从表面看去是风马牛不相及的；因而就需要在说出来的“这”载体上通过特殊的遣词造句技巧植入没有说出来的“那”意图。我下面又得做文抄公了。曹禺《雷雨》：

周朴园 （忽然严厉地）你来干什么？

鲁侍萍 不是我要来的。

周朴园 谁指使你来的？

鲁侍萍 （悲愤）命，不公平的命指使我来的！

周朴园 （冷冷地）三十年的工夫你还是找到这儿来了。

钱谷融对周朴园看似简简单单的三句话做了如下分析：

我们听得出，周朴园在说前两句话时，一定是声色俱厉的，而后一句话又是多么的冷酷无情。

“你来干什么？”他的内心的语言（潜台词）其实是说：“你想来敲诈我吗？”侍萍说“不是我要来的”。他一定想：不是你自己要来敲诈我，那么准是有人指使你来敲诈我的了，所以他接着问：“谁指使你来的？”这一问一答不过是三二秒的时间，但是，我们可以想象得到，周朴园的内心变化却是异常剧烈的，他的思想却是经历了很长的路程的。他一定会想到这个人多半是鲁贵，而鲁贵又是那样的狡猾难对付，他就更感到事态的严重。等到听侍萍说了是“不公平的命指使我来的”后，他才觉得还好，还只是她自个儿找来的，总算并没有别人夹在里头，因而他就不像原先那么紧张了。但他还是认定侍萍是有意找上门来的，要摆脱她，解除这个麻烦，他想是总得费些周折，花些钱财的了。但不知她此来的意图究竟如何，且先听听她的口风再说吧。因而他才冷冷地说了一句“三十年的工夫你还是找到这儿来了”他的潜台词，他的内心的真正意思，其实是：“那么你究竟想怎样呢？”①

在这里，我们看到了剧作家和批评家在剧本人物台词里相遇，剧作家笔墨的成熟和批评家眼光的犀利相辅相成、相得益彰；不过，周朴园在这短短几秒钟时间里思想的曲折变化、心情的跌宕起伏，恐怕连他自己也未必能够清楚地意识到；旁观者清嘛，我们不得不钦佩钱谷融对人物心理的洞察力，他的相关描述和判断是真实的、准确的。这其实是周朴园、鲁侍萍两人之间心灵战场一次血淋淋的搏斗的开始，对于两个人来说都是出乎意料、猝不及防的遭遇战，鲁侍萍一直处于守势，她太善良了！周朴园则始终处于攻势，他太阴暗了！他的遣词造句完全实现了他的真正意图。从这个角度而言，周朴园确实是个成功的典型案例，但就其形成他这几句言语的意图看，他的价值观显然是恶的、丑的。

① 王兴平等编：《曹禺研究专集》（下册），海峡文艺出版社1985年版，第619—620页。

三

以上数例说的都是口语，再说书面语——文章。第一例是鲁迅《野草》的最后一篇《一觉》里的一段：

> 漂渺的名园中，奇花盛开着，红颜的静女正在超然无事地逍遥，鹤唳一声，白云郁然而起……。这自然使人神往的罢，然而我总记得我活在人间。

众所周知，《野草》研究的领域里本来只有一种声音，后来有了不同的声音，以为其中有的文字是抒写作者和许广平的爱情的；后来胡尹强于2004年1月出版的《鲁迅：为爱情作证——破解〈野草〉世纪之谜》一书，才比较深入透彻地对此做出了系统论证。上引《一觉》中的一段，我至今尚未读到比胡尹强更有说服力的论证。这的确是“一个遥远而飘渺的诗意盎然的爱情故事”。胡尹强对上引这一小段中“名园”“奇花”“静女”等词语的含义、色彩以及相关的典故做了准确而又深入的考察，发现了它和鲁迅、许广平爱情之间的联系。鲁迅从来不是下笔千言、文不加点的所谓才子，他对文字的讲究、认真、执着几乎人尽皆知，他会随便用“名园”“静女”等词语吗？而正是这几个词语醒目、显豁地泄露了《一觉》为爱情做证的真正意图。

另一例也和鲁迅有关。据吴海勇先生的研究，许广平的《鲁迅回忆录》有两个版本：手稿本和初版本，出版手稿本的目的（亦即本文所说的意图，仔细考究起来，“目的”与“意图”两者在心理学上是有所区别的；本文属于漫谈性质，就不再细分了），是“还原”，除此之外如果还有另外的目的，那也应当说“还原”是主目的；但由于种种原因，使主流意识形态性更加鲜明，这一原本应当是副目的的目的往往却成了主目的。“实际上，二者仅是五十步与百步之距离，有些手稿本提法较初版本有过之而无不及。比如，‘鲁迅是一个战士，指挥者是党，是党的领导’。‘革命最快收效的是火与剑。要有党，这鲁迅是知道的。’诸如此类言论，为初版本所无。”①

记得高尔基说过这样意思的话，已经写出来的东西，就是用斧头也砍不掉的。而我们读者正是循着作者笔下的字句，不断走近作者真正的写作意图，不断走进作品自己的世界。

四

近读陈丹青的《荒废集》，觉得其中《请媒体人善待公器》一文是讨论我们现在这个题目极好的例子。这篇文章其实是某报纸文学版发表该报一位前记者致作者公开信的复信。看“公开信”，似乎不可能是随意随便之作，而是精心结撰的文字。例如题目就挺能吸引眼球的——“您这架老炮还能挺多久”，真可谓言有尽而意无穷：炮者，所谓进攻性武器也，且颇有杀伤力的；老炮之老，当指“您”的年龄，也有从事发炮攻击颇有一些时日的意思；尤其是“还能挺多久”，含义丰富复杂而微妙，如“您”

① 吴海勇：《旧稿纸上的鲁迅——许广平〈鲁迅回忆录〉手稿本与初版本对照》，《新民周刊》2010年5月5日。

这“老炮”为何“挺”着，向谁“挺”着；“您”其实没有什么力量，只是“挺”着而已，勉强得很；“您”实际上已经“挺”不了多久了……等等。对此，陈丹青说：“但也就放一边”而已；直到“今天记者催复信”，于是就有了集子里的这封复信。我们首先要问的是，复信的意图是什么？我们只能就“信”论之，看来就是标题所说的那句话。照理，复信应当写给当初给你写信的人，怎么开头却是什么“文学版编辑先生大鉴”呢？由此又会产生另一个问题：所写会不会对“公开信”做出有针对性的具体回应呢？

我以为陈丹青此文好就好在他的写作意图。如果只是单对“公开信”做出回应，就很有可能变成两个人之间的口水战，如对所涉某事、某细节是否真实等的辨析，对读者来说当然也有意思，但意思不会太大，甚至只会成为茶余饭后的消遣。陈的复信没有落入此套，而是着眼于媒体人应有的职业道德展开。这是小题大做吗？非也，因“公开信”自称是“命题作文”，应谁之命？当是媒体无疑。不过，陈没有指这份报纸，而是它的“文学版”。

至于对“公开信”的回应，当然是题中应有之义——陈把它当作媒体应有之职业道德的反面例证。可以说复信有两重写作意图，相互呼应，相得益彰。陈就“公开信”所指斥的，指出“他忘了记者的身份，忘了代表媒体公器”，并就此进行论说，没有离开“请媒体人善待公器”这一主要意图，不但没有离开，还成了向媒体人提出这一建议的缘由。在这里，“命题作文”四字甚为要紧，倘若没有这四个字，文章这样写就多少会有些生硬。意图决定了主旨，意图、主旨又决定了思路、结构，还左右着语言表达。例如：

> ……自我回国，嘲讽笑骂不曾断，前几天也还收到网络一篇长文，就我在《南方周末》谈美术现状的文章，痛骂我是拿了美国护照的“帝国主义走狗”……难道我不能嘲讽？不能骂？非也，谁有兴致，尽管骂，但诸位明鉴：暗夜留言的博客生人，为文痛斥的各路写家，与张先生身份不一样：他是职业记者，记者发文，占据公器，与圈外的言路不是一回事，而记者下笔理应有根据、敢负责、懂约束。此信一不负责，二没根据，三不知约束，通篇语气卑怯而谵妄，不坦荡，所以我回信的这点小面子，不想送给张先生。

“我”对“你”回应，并非“我不能嘲讽”“不能骂”，而是由于“你”是“占据公器”的记者——这就主动避开了容易产生的“我”因被嘲讽、被骂才写此复信的误会（当然任何人都可以对“被嘲讽”“被骂”做出回应或反击，但这不是陈的写作意图）——作为“占据公器”的记者，“下笔理应有根据、敢负责、懂约束”：两重写作意图在这里交会在一起，几乎天衣无缝。

陈的复信，我以为是“懂约束”“留余地”的。例如文中关于对方“心态”的剖析，“什么心态呢，这倒一时难觅准确的词，觅到了，也给留一点最后的面子，不来点破吧”——这就证明他不是来对骂的，他的意图不在回骂，而在提建议、说道理。“也给留一点最后的面子”，当然可以写成“也给留他一点最后的面子”。我不知道作者是否有意省去这个“他”字，反正他没写。我总觉得不用这个“他”字，语气要缓和一些。

我特别感兴趣的是作者这一段话：“我写稿，虽常为情绪所染，多偏激，然而遣词造句力求知进退，留余地，照顾到种种事实与事理，人情与国情……怎么做呢，就是字句审慎而有度，稍一轻忽，意思就会不对、不妥，不良，以至不堪。”这把何谓语文品质，尤其是如何讲究语文品质，讲得相当清楚。总之，在确定意图之后下笔之时，遣词造句、谋篇布局就必须在“适切”上认真下功夫，不要出现“不对、不妥，不良，以至不堪”之处，以使文章具有良好的语文品质。

原载《语文学习》2015年第2期

语文品质的基本要求（三）：准确

语文品质的第三个基本要求是准确，即言语所表达出来的与表达对象的实际情况要一致，不能走样。《词和词汇》一书有一个绝妙的例子——鲁迅的《〈坟〉题记》，有一段话原是这样写的：

> 我的可恶有时自己也知道。即如我有时吃鱼肝油以望延长我的生命，倒不是为了我的爱人，大大半是为了我的敌人，给他说得冠冕一点，就是敌人罢——给他的好世界上留一些缺点。

定稿时，鲁迅先生把它改成：

> 我的可恶有时自己也觉得，即如我的戒酒，吃鱼肝油，以望延长我的生命，倒不尽是为了我的爱人，大大半乃是为了我的敌人，——给他们说得体面一点，就是敌人罢——要在他的好世界上多留一些缺陷。

接着指出："其中，将'知道''冠冕''留''缺点'改为'觉得''体面''多留''缺陷'，使所要表达的概念更准确了；'不是'改为'不尽是'，逻辑上也更严密了。"[①]说得很准确，不过我想做点补充。首先是鲁迅自己觉得"敌人"一词是用得不很准确的，只是为了"给他们说得体面一点"而已，加了这一夹注，就准确了，即恰到好处地表现了对"敌人"的鄙视之意。另，将"不是"改为"不尽是"，逻辑上确实是变得严密了，即能与下一句的"大大半"严丝合缝；但更主要的则可能是为了更符合实际：延长寿命一定也有为爱人的动机在，否则似乎不近人情。古人谓"一字之失，一句为之蹉跎；一句之误，通篇为之梗塞"[②]，遣词造句确实不可不慎。

文字表达所要求的准确，其实包含两个方面的对象，即文字所要描述的客观世界的情况和主观世界的状态，两者都不走样。且以司马迁为例。他的《报任安书》，明代孙执升在《评注〈昭明文选〉》中的评价是："史迁一腔抑郁，发之《史记》；作《史记》一腔抑郁，发之此书。识得此书，便识得一部《史记》，盖一生心事，尽泄于此也。"特别是倾诉生不如死的悲愤、表现忍死以生的坚韧，曲曲传出，淋漓尽致，谓之感天地泣鬼神，亦不为过！《报任安书》我常常是爱读又怕读，每读，借古人的话说是"辄作数日恶"。而其《史记》，则又是"史家之绝唱"，是真实描述过往世界的伟大典范。例如，《万石张叔列传》写万石君

---

① 张静、蒋荫枬编著：《词和词汇》，东北师范大学出版社1988年版，第20—21页。

② （清）刘淇：《助字辨略》，章锡琛校注，中华书局1954年版，第1页。

一家的谨慎："万石君少子庆为太仆，御出，上问车中几马，庆以策数马毕，举手曰：'六马。'庆于诸子中最为简易矣，然犹如此。"马只六匹，还是要"以策数马"，其事上之恭谨可见一斑。石庆的"六马"二字，固然准确，然无足奇，所可奇者实为得出这一准确数字的过程，又特别是司马迁对此过程的准确描写，如若写成"上问车中几马，庆曰：'六马'"，你不能笼统地说这不准确，但石庆的恭谨却就完全模糊甚至彻底不见了。

其实，上文把客观世界的情况和主观世界的状态分为"两者"，是不准确的。就记叙文而言，确有"客观""主观"不同的偏重，从表面看，有的甚至只有"客观"而不见"主观"；但实际上，笔下的"客观"却无不由"主观"而来，即来之于"主观"之所见、所闻、所感、所想。由此，我们似乎可以对陆机所说的"意不称物，文不逮意"有进一步的理解。"物""意""文"三者，"文"不用多说，就是文字、文章；"物"实为"意"中之物；"意"，就是作者对"物"的感知、认识，当然也包括对自己的感知、认识。这里值得一说的是，对自己的感知、认识往往有助于对"物"的感知、认识，最典型的例子还是来自《史记》，《屈原列传》关于《离骚》创作动机和思想感情的剖析，司马迁简直就是借屈原的酒杯，浇心中的魂磊。

准确，首先应当是"意"的准确，即能"称物"，然后是"文"能"逮意"。如此说来，"意"的准确是根本，是关键；但最后还得落实于文字之中，表现为语文品质。往往有这样的情况，"意"自己以为是明确、准确的，落实为文，似乎也未变形走样，可在读者看来，却辨不清你说的究竟是东还是西，因为你所表达出来的意思在东、西两可之间，这就是所谓“歧义”。吕叔湘、朱德熙在《语法修辞讲话》中所举的“我们的图书馆珍藏了著名学者章炳麟的书。”“一边站着一个孩子，看来年纪还很小”，和赵元任在《汉语中的歧义》中所举“鸡不吃了”等例子，想必大家都耳熟能详。歧义语句，在说者写者心目里多数可能是只有他真正想表达的一种意思，如实际想说的就是“章炳麟（所著）的书”——我明明说的就是“章炳麟（所著）的书”嘛，清清楚楚，你怎么会听不明白呢？他不清楚“章炳麟的书”也可以理解为“章炳麟所拥有的书”。可见语言表达要做到准确无误、没有歧义是需要学习、训练的。

准确，由“意”而“文”，有三点特别值得注意。一是准确与否和“意”相关相连，我们甚至可以说准确之意的形成，同时也就是准确之文的形成；二是“意”虽准确，“文”却模糊，因作者缺乏“逮”的能力，所谓词不达意是也；三是“逮”是一个过程，作者若能穷追不舍，坚持到底，春风就很有可能“绿”遍江南岸。讲究语文品质，这三点都不可忽视，但最主要的是第二、三两条。

准确，其实就是对真实的追求和体贴；甚至可以说，准确在很大程度上说就是真实。因而，这不是一件容易的事情，就是《史记》，也难免会有个别瑕疵。如《吕不韦列传》：“始皇帝益壮，太后淫不止。吕不韦恐觉祸及己，乃私求大阴人嫪毐以为舍人，时纵倡乐，使毐以其阴关桐轮而行，令太后闻之，以啖太后。太后闻，果欲私得之。吕不韦乃进嫪毐，诈令人以腐罪告之。”“使毐以其阴关桐轮而行”，其真实性大可怀疑，也许是司马迁听信了当时不实的民间传说之故吧。不过，另有一种主观的真实，如蚊与鹤相去何止千里，但在《浮生六记·闲情记趣》里，蚊就是鹤却是千真万确的真实：

余忆童稚时，能张目对日，明察秋毫，见藐小微物，必细察其纹理，故时有物外之趣。夏蚊成雷，私拟作群鹤舞空。心之所向，则或千或百果然鹤也。昂首观之，项为之强。又留蚊于素帐中，徐喷以烟，使其冲烟飞鸣，作青云白鹤观，果如鹤唳云端，怡然称快。

这就是上文提到“意”“文”同时成就的绝佳例证，蚊即鹤，何其相似乃尔！这是沈复的独特发现，自是“怡然称快”。苏东坡说：“某平生无快意事，惟作文章，意之所到，则笔力曲折，无不尽意。自谓世间乐事无逾此者。”[①]对于文章大家来说，以笔尽意，就是披肝沥胆的宣泄，就是游刃有余的创造，当然也就是一种精神的盛宴。

精确固然往往就是准确，但模糊也未尝不常常是准确的表现。当年读书时初学“隐喻”，以为只是许许多多修辞格中的一种，在我们的语言世界里虽不罕见，却也不多见，直到自己教书多年以后才知道它“是我们赖以存在的世界”（莱考夫语），我们几乎一时一刻也离不开它。其实，与“准确”相对的“模糊”，情况也颇为相似：我们追求准确，却又离不开模糊。波兰哲学家

① （宋）何薳：《春渚纪闻》，张明华点校，中华书局1997年版，第84页。

沙夫说得好："语词的模糊性，就表现在它有一个应用的有限区域，但这个区域是不明确的。而模糊的语词总是有某种'交界的'区域，我们从来不能确定地说出某个语词能够或者不能够应用于这个区域。"[①]就拿本文开头由不准确而准确的例子来说，试问："有时吃鱼肝油"准确，还是去掉"有时"准确？常识告诉我们，鱼肝油不可能时时都在吃，当然加"有时"才准确，但此处却是不加为宜。其余如定稿里的"可恶"，到底有何"可恶"之处？有多可恶？"有时"又是何时？"我的敌人"只"他"一个吗？如果不是一个，又为何不在"他"字后面加"们"？还有"大大半""多留"之"多""一些"，等等，几乎全是模糊之词，至少有模糊之嫌：难道不是吗？再请看下面两段文字：

> 人们经常问我：运动神经细胞病对你有多大的影响？我的回答是，不很大。我尽量地过一个正常人的生活，不去想我的病况或者为这种病阻碍我实现的事情懊丧，这样的事情不怎么多。[②]

其中"不很大""尽量""不怎么多"都是所谓模糊词语。

> 我们每一个人都可能经历了一些我们知道的危险，但可能还有许多我们并不知道的危险呢。也许那天你没出门，对

① ［波兰］沙夫：《语义学引论》，罗兰、周易译，商务印书馆1979年版。

② ［英］史蒂芬·霍金：《霍金讲演录——黑洞、婴儿宇宙及其他》，杜欣欣、吴忠超译，湖南科学技术出版社1995年版，第15页。

你就是一个幸运；也许那天即使你出门了，但走的是这条路而不是那条路，对你也是一种幸运；也许即使你出门走的是那条路，但你在那条路口前停了停，而没有径直往前走，对你也还是一个幸运；因为，可能恰恰就在那一天的那一个时候，有一个喝醉了酒的司机在那条路口开车撞倒了一个人，当然，那不是你，你是幸运的，但你不可能知道这一幸运。

……

无论如何，现在这生命是握在你的手里了，那么，珍惜它吧，你的生命，这是在无数的偶然性中，在各种各样的危险中很不容易才产生出来的、世界上最美丽的花朵！[①]

模糊词语就更多了。因此，我们似乎有理由相信，我们人类的语言世界离不开模糊，甚至可以说，没有模糊，我们几乎就无法开口。我们不是不要准确，但准确似乎总是相对的，真正的准确，难矣哉！遣词造句，在该力求准确的地方力求之，在该模糊或难以准确的地方就准确地模糊之。何谓“准确地模糊”？请看张爱玲的《姑姑语录》：

去年她生过病，病后久久没有复元。她带一点嘲笑，说道：“又是这样的恹恹的天气，又这样的虚弱，一个人整个地像一首词了！”

---

① 何怀宏：《生命的幸运》，《中华活页文选》（高二、高三年级版），2009年第5期，第31—32页。

“像一首词”，当然就排除了“像一首诗”的可能，从这个角度看，“像一首词”是说得精确的；但是，把人比成“一首词”，又毕竟是太模糊了。说它模糊，主要还不是它没有说清楚到底是婉约词还是豪放词，究竟是短章还是长调，而是两者压根儿似乎就没有什么相像之处；但它却是《姑姑语录》中最精彩的一条。是的，它太模糊了，同时又太精确了！

原载《语文学习》2015年第3期

语文品质的基本要求（四）：得体

言语作品面对的是读者听者，说者写者以何种态度对待听者读者，取决于他们之间的关系；更准确地说是取决于说者写者对这种关系的意识、认识。所谓“得体”，一是说者写者对这种关系的意识、认识是正确的，二是这种意识、认识在其言语中的表达是准确的。王希杰认为得体性是修辞学的最高原则，有的修辞学家干脆把修辞学看作就是“言语得体学”。有的修辞学家还提出了关于得体的“合境、合位、合礼、合俗、合式”等五项要素和可接受性、整体性、向善性等三个特点。在西方，亚里士多德在《修辞学》中也早就提出了“恰当”“切题”“掌握分寸”“求其适中”“适合身份”等有关言语得体性的要求。王充在《论衡》的《超奇》篇中说：“文由胸中而出，心以文为表。……有根株于下，有荣叶于上，有实核于内，有皮壳于外。文墨辞说，士之荣叶、皮壳也。”得体，心是“根株”，文是“荣叶”。确实，说者写者对于自我身份的正确意识、认识是最根本、最关键的。

《阿Q正传》里有如下一段描写：

他下半天便又被抓出栅栏门去了，到得大堂，上面坐着一个满头剃得精光的老头子。阿Q疑心他是和尚，但看见下面站着一排兵，两旁又站着十几个长衫人物，也有满头剃得精光像这老头子的，也有将一尺来长的头发披在背后像那假洋鬼子的，都是一脸横肉，怒目而视的看他；他便知道这人一定有些来历，膝关节立刻自然而然的宽松，便跪了下去了。

“站着说！不要跪！”长衫人物都吆喝说。

阿Q虽然似乎懂得，但总觉得站不住，身不由己的蹲了下去，而且终于趁势改为跪下了。

奴性已经深入他的骨髓，即使叫他“站着说！不要跪！”，而且于此他自己也“似乎懂得”，但最终还是“身不由己”地跪下了。“身不由己”，太可怕了！赵树理《李有才板话》中的“真好汉”张得贵，同样也丝毫没有人的自觉，无疑也是阿Q家族的成员：

张得贵，真好汉，
跟着恒元舌头转：
恒元说个“长”，
得贵说“不短”；
恒元说个“方”，
得贵说“不圆”；
恒元说“砂锅能捣蒜”，

> 得贵就说“打不烂”；
> 恒元说“公鸡能下蛋”，
> 得贵就说“亲眼见”。
> 要干啥，就能干，
> 只要恒元嘴动弹！

所以，我觉得“得体”是语文品质中最人文的一项要求，要把它落实到言语作品中，也极不容易，因“身不由己”之故也。阿Q当年的表现，可怜可哀，然而似乎情有可原；但在我们人民已经当家做主以后，阿Q气就有点让人感到“不合时宜”了，如有一篇修辞学论文如此这般地写道：

> 不得体的语言在特定的条件下也会转化成得体的语言。以错为美，以丑为美，以不通为美是随处可见的。例如下面一段文字：
>
> 乡间小路有一小轿车与一独轮车相遇。司机令老汉让道，老汉道：为何？司机道：我开的是小车。老汉道：我的也是小车。司机道：小车是首长车。老汉道：我的也是手掌车。司机道：首长车是小轿车。老汉道：我的也是小叫车。不信你听。说毕，驾起车，果然吱吱作响，像蝈蝈唱，蹒跚而去……
>
> 这是刊登在《读者》1994年第6期上的一篇《乡间小路》短文。如果不将其视为文学作品，在现实生活中，这老汉强词夺理，语言绝不能说是得体的。但作为幽默作品而言，我

> 们又不禁为老汉的谐音妙答叫好，发出会意的笑声，绝不会评头论足批评老汉的语言不得体。[①]

按照此文的逻辑，“在现实生活中”，手推小车应当给机动小车特别是小轿车让路，老百姓的车尤其应当给“首长车”让路；“这老汉”不让路，还说出了不愿让路的道理，就是“强词夺理”，就是“不得体”。这是什么逻辑！这是什么话！如果该“首长车”不是公车私用，又假设“首长”确有要事急事，也不能“令老汉让道”，完全可以好好商量；司机口出狂言，坐车的“首长”也应当及时阻止并下车向老汉道歉。这是起码的！这是应该的！这是必须的！起火了，“让首长先走！”得体吗？另有一本相关论著，在论及“得体”时，把人际关系分为“上下关系”“平等关系”“供求关系”等[②]，似乎“上下关系”“供求关系”等就不是“平等关系”，用语就不必“是尊重的、谦恭的”似的。

还有一本相关论著写道：

> 三国时期，诸葛亮的哥哥诸葛瑾在吴主孙权手下谋事。他的儿子诸葛恪，不仅自幼聪明，还拥有良好的口才。有一次，孙权见到诸葛恪时，问他：“你认为你父亲与叔叔比较，哪个更有才能？”

① 李名方主编：《得体修辞学研究》，河海大学出版社1999年版，第77—78页。

② 陈翀、程锡昌编：《语言表达》，华南理工大学出版社2000年版，第165—166页。

“我父亲比我叔叔才能大！”诸葛恪以坚定的口吻说。

诸葛亮是智慧的化身，他的才智深得天下人的赞许和认可。因此，孙权问诸葛恪：“你为什么要这样说？”

诸葛恪回答：“我父亲知道自己该侍奉哪位君王，我叔叔却不知道。”

孙权听后，高兴地笑了，从此对他们父子愈加看重，并委以重任。诸葛恪一番得体话，取悦了孙权，为他带来了好前程。

会说得体话，不仅能取悦对方，有时还能改变自己的命运。①

我总觉得，为人处世，包括在言语交际中，个人尊严不可须臾或失，把“取悦对方”作为“得体”的要素予以过分强调是很不合适的；否则，就有巧言令色之嫌。吕祖谦在《易说》中说得好：“辞之所发，贵乎诚敬，修于外而不信于内，此乃巧言令色。”常听到有的教师举纪晓岚在乾隆面前解释“老头子”三字的含义作为例子，我以为纪晓岚也只是巧言令色而已，虽然也是无可奈何。

上文说过，得体这一要求是最人文的，我们在教学实践中千万不能把得体只是当作一种说话作文的技巧，而是要把遣词造句的得体和人的自觉、公民的自觉自然而然地联系起来。

---

① 潇湘子编著：《得体说话 灵活办事》，天津科学技术出版社2009年版，第2页。

俞平伯《红楼心解——读《红楼梦》随笔》中的《增之一分则太长》有云：

> 如第二十一回“贤袭人娇嗔箴宝玉”，脂砚斋庚辰本有一段：袭人冷笑道：“我那里敢动气，只是从今以后别进这屋子了。横竖有人伏侍你，再别来支使我，我仍旧还伏侍老太太去。”
>
> 只说，“从今以后别进这屋子”，谁别进这屋子？似乎上边缺一个字。再看有正本程甲本。引程甲之文：
>
> 袭人冷笑道：“我那里敢动气，只是你从今别进这屋子了……”
>
> 通行各本大抵相同（有正本亦有“你”字）。“只是你从今别进这屋子了”，意思虽比较清楚，这个“你”字却大可斟酌。你看，袭人如何能叫宝玉别进他自己的屋子呢？岂非把和尚赶出庙么？改为“我”字如何？如作“只是我从今别进这屋子了”也不通。袭人本在这屋里，只可出去，无所谓进；应该说“只是我从今别耽在这屋子了”才对。但本书文字又不是那样的。

俞平伯接着对此做了非常具体细致的分析，结论是：“虽只一字之差，却有仙凡之别。”①

① 俞平伯：《红楼心解——读〈红楼梦〉随笔》，陕西师范大学出版社2005年版，第61—62页。

俞平伯真是独具只眼，发现了这一字之差；又做了鞭辟入里的精彩分析，让人五体投地。但如果在语文教学中作为“得体”的例子，我宁肯把袭人在遣词造句中渗透出来的丫头意识作为重点。这又使我想起第四十五回赖嬷嬷的话：“你那里知道那‘奴才’两字是怎么写？”用现在流行的句式来说就是“你哪里知道那‘奴才’是怎么炼成的？”袭人并不特别聪明，乃环境使然也！就像阿Q见了当官的就会自然而然地下跪一样，在几千年的封建社会里，臣下见了皇上就一定会自然而然地自称“犬马”，清朝的官服袖口还配有所谓“马蹄袖”，“犬马”在主子面前匍匐下跪两手着地时，看上去真的就像两只马蹄。犬马能是人吗？而我们的教育就是要培养学生作为人的意识，语文教学当然也不能例外，甚至责任更重。

原载《语文学习》2015年第5期

“得体”的“超语言学”内涵

毋庸置疑，语言学对语文教育理论与实践的探索是不可或缺、不可替代的；但语文教育也不能只在语言学的圈子里转悠。此所谓语言学，当然也包括语用学在内。语用学是“语言学研究的一个分支学科”，是“从使用者的角度出发去进行研究的语言科学”[①]。不管是普通语言学还是语用学视野中的“言语”，正如巴赫金在讲到索绪尔语言学时所指出的，“言语”这一概念都有它的局限性或者说缺陷。索绪尔认为，言语是“个人意愿和智力的行为”，是说话者“表达他个人思想的手段”。他明确指出：“言语中没有任何东西是集体的，它的表现是个人的和暂时的。”[②]几年前有学者提出了“积极语用”的概念，它不同于消极语用偏重接受主体的根本特征，是强调基于表达主体的“表现性”言语行为。总之，普通语言学、语用学（哪怕是所谓“积极”的）认为

① 何兆熊主编：《新编语用学概要》，上海外语教育出版社2000年版，第9页。

② ［瑞士］索绪尔：《普通语言学教程》，高名凯译，商务印书馆1980年版，第42页。

言语是表达、表现，它是说者个人世界的存在。而巴赫金则从语言的社会学立场出发，发现了言语的交往性、对话性，强调语言的社会关系本质，认为语言必然是交往、对话的语言，即使是单方面陈述，它也总是交往、对话之链条中的一个环节。我们不能只看见说话者，只关注说话者表达了什么意思。

众所周知，人是社会的动物，人是“社会人”；人是语言的动物，人是“语言人”；人在一定的社会关系中生成为人，同时这也意味着人是在语言中生成为人的。必须从人的交往需要，从人与人的关系去理解语言文字，因为正如巴赫金所指出的：“说者的话语里总带有诉诸听者的因素，总以听者的回应为旨归”[①]，而“任何理解或多或少都蕴涵着回应”[②]。也就是说，如果离开了关系，而仅仅着眼于说者一方，我们就不可能真正理解话语，也不可能生成任何话语。杜威甚至认定“语言是一种关系”[③]！话语不是主体的现象，而是一种主体间的现象。在话语中不是只有一个说话者，而是有两个相互交往者——对话者。表达，不仅仅是为了表达说者某一意思；为什么要表达、向谁表达、这个“谁”又是怎样影响着表达，都是绝对重要因而必须正视的问题，因而必然涉及叙事学和阐释学等。这就是巴赫金从“超语言学”的角度考察言语所得出的结论。巴赫金指出：

① ［苏］巴赫金：《文本 对话与人文》，钱中文主编，白春仁等译，河北教育出版社1998年版，第191页。

② 同上书，第198页。

③ ［美］杜威：《经验与自然》，商务印书馆1964年版，第144页。

> 语言只能存在于使用者之间的对话交际之中。对话交际才是语言的生命真正所在之处。语言的整个生命，不论是在哪一个运用领域里（日常生活、公事交往、科学、文艺等等），无不渗透着对话关系。不过语言学仅仅研究“语言”本身，研究语言普遍特有的逻辑；这里的语言，仅仅为对话提供了可能性。而对于对话关系本身，语言学却向来是抛开不问的。这种对话关系存在于话语领域之中，因为话语就其本质来说便具有对话的性质。①
>
> ……超语言学不是在语言体系中研究语言，也不是在脱离对话交际的“篇章”中研究语言；它恰恰是在这种对话交际之中，亦即在语言的真实生命之中来研究语言。②

我们探讨衡定一篇言语作品之语文品质的标准，当然也必须超越传统语言学的局限，从“超语言学”的角度来发掘它的丰富内涵。其中最典型的就是“得体”这一基本标准。

《红楼梦》第四十回，刘姥姥参加了一场以贾母为首的女眷盛宴。开宴前，凤姐“把一盘子花”，给刘姥姥“横三竖四的插了一头”，弄得像个“老妖精”似的：

> 贾母和众人笑的了不得。刘姥姥也笑道：“我这头也不知修了什么福，今儿这样体面起来。”众人笑道：“你还不拔

---

① 钱中文主编：《巴赫金全集》（第五卷），河北教育出版社1998年版，第242页。

② 同上书，第269页。

> 下来摔到他脸上呢，把你打扮的成了老妖精了。”刘姥姥笑道：“我虽老了，年轻时也风流，爱个花儿粉儿的，今儿老风流才好！”

在宴会上，

> 只见一个媳妇端了一个盒子站在当地，一个丫鬟上来揭去盒盖，里面盛着两碗菜，李纨端了一碗放在贾母桌上，凤姐偏拣了一碗鸽子蛋放在刘姥姥桌上。贾母这边说声“请”，刘姥姥便站起身来，高声说道：“老刘，老刘，食量大如牛，吃个老母猪不抬头！”自己却鼓着腮帮子不语。众人先还发怔，后来一听，上上下下都哈哈大笑起来。

从刘姥姥的角度看，从她的话语本身理解它的意思，实在是太不得体了：人家把你当猴子耍，她不但毫不恼怒，而且还把这打扮说成是“体面”；更加不能接受的是，“众人”提醒之后，丝毫没有“悔改”的表现，反而愈说愈离谱，愈说愈不像话了，最后竟然说出“今儿老风流才好”这样不堪的话来！如果这里多少还有点被动的意思，那么宴会上“便站起身来”，“高声”打趣自己，简直就是自我作践了！不过，从“超语言学”的观点看来，刘姥姥这不是单纯的“自我表现”，她如此这般作践自己，是为了迎合贾母，特别是凤姐等人的需要。刘姥姥从凤姐等人的作为和言语中听出了这种需要，对此她主动自觉地做出了迎合的反应。她再进荣国府，是报答来的，感恩来的，特别是继续“乞讨”来的；这宴会她也不是为了享用美食，而是为了让贾母、凤姐她们高兴来的。正所谓是：满“嘴”荒唐言，一把辛酸泪！后来凤姐、鸳鸯向她道歉时，她说“咱们哄着老太太开个心儿，有什么恼的！”可谓石破天惊，一个“哄”字，说明她心里明白着呢，而“咱们”的称谓又着实挽回了一点可怜的脸面和自尊。这一着眼于“关系”、交往、对话和言语“真实生命”的解读，让我们得出了刘姥姥上述“荒唐”之言完全符合“得体”的要求，不过这不是语言学所说的“得体”，而是超语言学视野中的“得体”。一进荣国府时，她的个别话语曾显露出“粗鄙”的毛病，那时的粗鄙是不自觉的粗鄙，是所谓真粗鄙；而这一次她能以粗鄙为粗鄙，特别是能巧用粗鄙，化粗鄙为神奇，质变而为含金量极高的幽默。这是超乎不得体的得体，比一般的所谓得体更为得体的得体。

《红楼梦》众多人物里，能说会道者当数凤姐；但在我看来，真正最能说话、最会说话的非刘姥姥莫属。理由是唯有她能在最难处的位置上说出最得体的话来，在错综复杂的矛盾夹缝里游刃有余，最终实行自己的言语意图。她这次面见贾母，是第一次，她不可能没有自卑感：“我这生像儿，怎好见的？好嫂子，你就说我去了罢！”但此中也有自谦的成分——这次见面固然是贾母主动，刘姥姥自己也未必没有“这可是一次难得的机会”的欣喜。当然要去，必须要去，但“去”又谈何容易！首先面临的就是一个称呼问题。称呼可是一件天大的事儿，千万马虎不得！因为它就是关系，而且是最明白、最直接的关系。当然这种关系具有客观性，而称呼是说话者对这种关系的肯定、否定或修正。“我”怎么称呼“你”，就是“我”对说话者双方属于何种关系的认定，也是“我”对“你”采取何种态度的标杆。刘姥姥一进荣国府时，就因对凤姐称板儿为“你侄儿”而受到周瑞家的批评。现在火烧眉毛的是，她该怎么称呼贾母？当时的情境不容她多想，也来不及、不好意思跟人商量，向人讨教。可是她，刘姥姥，却天才地解决了这个难题。她是再也不能以亲戚本家自居来称呼贾母了，那么两人之间还有其他什么关系可以作为称呼的依凭吗？好像没有。这时，天上居然掉下一个“老寿星”！“老寿星”，还有比这更合适、更妥帖的吗？绝对没有！其中透着敬重、亲切、仰慕、祝福……，特别是把它镶嵌在“请安”两字之间，“老寿星”就更加熠熠生辉了，因为这不是自卑，而是自谦，恰到好处，天衣无缝！其实，她一进荣国府之前就已经深深意识到：“可是说的‘侯门深似海’，我是个什么东西，他家人又不认得我……”这次见了贾母，一开局就有如此出色的表现，不能不让人由衷佩服！

在现实生活中，称呼又往往会偏离称呼者和被称呼者的实际存在的关系，而成为一种交往的策略。请看《史记》鸿门宴上刘邦的一段台词：

> 臣与将军戮力而攻秦，将军战河北，臣战河南，然不自意能先入关破秦，得复见将军于此。今者有小人之言，令将军与臣有郤。

刘邦以“臣”自称，称项羽为“将军”，这得体吗？项羽这时当然已经是将军，刘邦称他为将军，符合实际，颇为合适；但刘邦自称为“臣”，就大有讲究了——此时他已是所谓的“沛公”，心里头和实际上都不是任何人的“臣”，恰恰相反，他迟早要让所有人成为他刘邦的“臣”，他的这一心思正所谓“司马昭之心路人皆知”，这时在项羽面前他却故意自称为“臣”，这不是一般所谓的低调或谦虚，而是自我降格，有意表现出自己臣服于项羽的姿态。特别是与“将军”对举，尤其是在短短的两句话里反复强调，一而再，再而三,三称自己为臣，把项羽“哄”得舒舒服服，甚至晕头转向，成功地达到了自己的既定目的。此处一个似乎并不起眼的“臣”字，其功劳恐不在千军万马之下，如此，即使不得体也就是得体了。

与此有异曲同工之妙的是《阿Q正传》里赵太爷和赵白眼对阿Q的称呼。在阿Q大嚷“造反了！造反了！”之后：

赵府上的两位男人和两个真本家，也正站在大门口论革命。阿Q没有见，昂了头直唱过去。

“得得，……”

“老Q，”赵太爷怯怯的迎着低声的叫。

“锵锵，”阿Q料不到他的名字会和“老”字联结起来，以为是一句别的话，与己无干，只是唱。“得，锵，锵令锵，锵！”

“老Q。”

“悔不该……”

“阿Q！”秀才只得直呼其名了。

阿Q这才站住，歪着头问道，“什么？”

“老Q，……现在……”赵太爷却又没有话，“现在……发财么？”

“发财？自然。要什么就是什么……”

“阿……Q哥，像我们这样穷朋友是不要紧的……”赵白眼惴惴的说，似乎想探革命党的口风。

“穷朋友？你总比我有钱。”阿Q说着自去了。

赵太爷由“阿Q”而“老Q”、赵白眼由“阿Q”而“阿……Q哥”的变化，主要并非基于阿Q本人的变化，而是由于形势的变化使得赵太爷、赵白眼心目中所意识到的他们与阿Q之间关系的变化。可见人与人之间的称呼，常常是和客观环境的变化以及由此带来的人与人之间关系的变化紧密联系的，“得体”与否的标准也随着改变。一言以蔽之，还是离不开现实的“关系”，离不开话语的对话性。

“得体”如此，衡定语文品质的其他标准也都富于超语言学的内涵，语文品质并非不食人间烟火，并不单纯是语言文字的事儿。

原载《语文学习》2016年第1期

从一个“似乎”说起

“似乎”，似乎并不起眼，但有时还真少不了它。余斌的《张爱玲传》，从开卷一路读来，我已逐渐建立起了对作者严谨态度的信心，但读到倒数第2页时，我忽然发现了一个问题：

> 她也是头脑很清楚地离开人世的。1995年9月初，张爱玲意识到自己将不久于人世，她并不向林式同求助，只是将重要的证件放进手提袋，留在门边易被发现的地方，而后，便独自静候死亡的降临。一天，她在睡梦中走到了生命的终点。[①]

既然她是“独自静候死亡的”，作者又怎么知道她是死在“睡梦中”的呢？我相信作者如此断定必有所据，只是未出注而已。为了找到此一说法的根据，我查了另外十余种张爱玲传记以及其他相关资料。后来我发现，要找到这一说法的根据几乎是不

---

① 余斌：《张爱玲传》，南京大学出版社2007年版，第453页。

可能的，现在科学很可能还没发达到能够通过解剖测定人是否死于睡梦之中的程度，再说，就是有这种科学手段，似乎也没有必要检测张爱玲是否在“睡梦中”死去；问题可能出在语言表述上。再查，如任茹文、王艳合著的《张爱玲传》，刘川鄂著《张爱玲传》，于青著《张爱玲传》，西岭雪著《张爱玲传》，宋明炜著《浮世的悲哀 张爱玲传》等，均未涉及是否在睡梦中离世这个问题，倒是或详或略地都提到“法医在科学地验尸后得出结论，没有自杀的可能性，是自然死亡。死亡日期可能在六七天前，也就是九月一、二日。”我觉得基本上可以肯定死在睡梦中这一点不是出自法医的鉴定，而只是一种推测。张爱玲指定的遗嘱执行人林式同见到遗体后描述道：

> 张爱玲是躺在房里唯一的一张靠墙的行军床上去世的，身下垫着一床蓝灰色的毯子，没有盖任何东西，头朝着房门，脸向外，眼和嘴都闭着，头发很短，手和腿都自然地平放着。她的遗容安详，只是出奇的瘦，保暖的日光灯在房东发现时还亮着。[①]

“遗容安详”是目击者之所见，应当是可靠的；据此做出“她在睡梦中走到了生命的终点”这一推测有一定的道理，虽然证据并不直接和充分。

在这里，我丝毫没有责备作者的意思，在我看来就只少了

① 转引自刘川鄂：《张爱玲传》，北京十月文艺出版社2003年版，第347页。

“似乎”二字，似乎只是一个小小的瑕疵而已。我引用此例是想要说明，传记的语言为了再现真实的传主，必须讲究“准确”，不能有丝毫马虎。不独传记如此，所有非文学类的作品也都不例外，它们必须对存在于作品之外的表述对象即所谓“它者”负责。文学作品就大不一样了，且看《阿Q正传》如下一段描写：

> 闲人还不完，只撩他，于是终而至于打。阿Q在形式上打败了，被人揪住黄辫子，在壁上碰了四五个响头，闲人这才心满意足的得胜的走了，阿Q站了一刻，心里想，“我总算被儿子打了，现在的世界真不像样……”于是也心满意足的得胜的走了。

于此，似乎从来没有人出来质问鲁迅：你又不是阿Q，也不是阿Q肚子里的蛔虫，你怎么知道他当时“心里想，‘我总算被儿子打了，现在的世界真不像样……’”？这原因其实非常简单，《阿Q正传》是小说；既然是小说，作家就具有对他的人物全知全能的权利和本领。这已成为人们的常识。小说在作品自身之外并无一个它必须为之效忠的“它者”，语言并不言说“它者”，它只是言说自身，从而创造自身。《阿Q正传》之外并无阿Q，骆驼祥子只存在于《骆驼祥子》这一作品之中，阿Q、骆驼祥子是鲁迅、老舍用语言把他们创造出来的，他们寄生于语言，我称之为“语言存在物”，在现实世界里没有他们的户口、身份证等。而传记作品的传主，如张爱玲，却实实在在在这个世界上生活过，写他们的传记必须真实可靠，语言必须准确妥帖，有时少一个“似乎”都不行。但这并不意味着文学作品的语言，如其中的人物语言就是无可置疑的。不，不是的，只是质疑的角度有别而已。由于文学作品中的人物是虚构的，质疑者当然不可能根据真实生活中的某某某是怎么说的为由提出质疑，因为这某某某实乃子虚乌有之物；然而却可以根据作品中人物的性格、所处的情境、人物之间的关系等因素来批评人物是否会如此说话，等等。记得我们在讨论语文品质“得体”这一基本要求时引用过俞平伯指出《红楼梦》某版本里袭人的一句话多了一个“你”字：第二十一回“贤袭人娇嗔箴宝玉”时，“袭人冷笑道：‘我那里敢动气，只是你从今别进这屋子了……’”袭人是宝玉的丫头，她绝无可能“命令”主人别进他自己的屋子。看起来，文学作品与非文学作品运用的是同一个语言体系，从表面上看两者并没有什么区别，但实际上它们各自有并不相同的游戏规则，各自有并不相同的美学追求和品质标准。就好比散步和赶路，不是都在走路吗？但两者的目的、姿势、状态、心情都大异其趣。例如散步多半是在享受走路本身，而赶路却是为了到达一个预设的目的地。读者阅读文学作品与非文学作品的心态、期待、目的以及批评的准则是不一样的。但也必须看到，文学语言与真实生活里的非文学语言是有交集的，因而衡量的标准也不是相互彻底对立的。问题的复杂性在于，如果作品中的人物是蛮横不讲理的，你要求他说话处处合情合理，那错的不是作者，而是提出这种要求的批评者；然而作品中的蛮不讲理者也可能或真或假地有非常通情达理的时候。

我们首先得把文学看作文学，把文学语言当作文学语言来对待；否则，就会犯如同把一个人的照片或画像当作他本人那样的错误。作家对于自己笔下人物的所作所为、所知所感、所思所想能够“全知全能”，并不意味着作家可以随心所欲、胡言乱语，如让阿Q去做关于黑格尔哲学的学术报告，等等；恰恰相反，文学对语言提出了更高的要求，因而成为语言的艺术。如果演员忘了自己是在舞台上演戏，而是离开戏文、走出角色，回到现实生活中的自己，戏就完全砸了！盖叫天在演武松时跌断了腿，虽然疼痛难熬，但武松还是武松，而不是受伤的盖叫天，这就是盖叫天对艺术的忠诚！如果来一句“痛煞我也”，那艺术就彻底完了。

鲁迅的《风筝》是虚构的故事还是回忆性的散文？百度百科告诉我们：

> 《风筝》是现代文学家鲁迅于1925年创作的回忆性散文诗。作者首先由北京冬季天空中的风筝联想到故乡早春二月时节的放风筝开始描写，流露出淡淡的乡愁。然后自然地从风筝想到儿时往事：作为兄长的他对所谓没出息的酷爱风筝的弟弟的惩罚。成年后的作者为自己幼时的无知，对弟弟儿童天性的扼杀行为充满了内疚和自责。更令作者痛苦的是他已无法求得宽恕，因为弟弟对这件往事已漠然忘，这里照应了文章一开头作者见到风筝时“惊异和悲哀”的情绪。这种惊异和悲哀并不仅仅在于作者内心的深刻自我反省，而在于他从弟弟的“全然忘却”中体会到中国老百姓对封建道德奴役、家长式的专制制度的不觉醒，因而倍感改造“国民性”任务之艰巨，点出作者心情沉重的内在原因。

所谓“回忆性”，就是说在现实生活中确实曾经发生过这样的事，现在作者是在运用语言去捕捉客观存在过的往事。

果真如此吗？周作人说：

> ……有教师写信来问，这小兄弟是谁，到底是怎么一回事？我只能回答说明，这类文章都是歌德的所谓“诗与真实”，整篇读去可以当作诗和文学看，但是要寻求事实，那就要花一点查考分别的工夫了。……作者原意重在自己谴责，而这些折毁风筝等事乃属于诗的部分，是创造出来的。[①]
>
> 几十年来，周建人同志数次回答此类询问，直到80年代他还给访问者明确作答：我不记得有这回事。[②]

如果我们相信他们兄弟俩的证词，就会觉得上引“百度百科”的的确确是闹了笑话。

无独有偶，艾柯在他的小说《傅科摆》里讲过一个叔叔和一个阿姨的故事。——既然是小说，里面的故事当然就是虚构的，尽管在这里艾柯利用了他自己（即非别人）的生活经验。但他的一位朋友却指责他“非常不礼貌地”用了他叔叔和阿姨的悲惨故事。好在这位朋友还是讲道理的，一经说明，误会冰释，并没有发展成一场关于名誉的官司。[③]

---

① 周启明：《鲁迅的青年时代》，中国青年出版社1957年版，第89页。

② 唐炳良：《苦茶居闲文》，安徽文艺出版社2014年版，第162页。

③［意］安贝托·艾柯：《悠游小说林》，生活·读书·新知三联书店2005年版，第11页。

也许有的读者会问，如果是作者力图忠实地描摹某件曾经发生的事或客观存在的对象，由于是非虚构的，这样的作品就一定不是文学作品吗？

问得实在太好了，答案是：不能一概而论，要对具体作品进行具体分析。质言之，要看作品主要是借“某件曾经发生的事或客观存在的对象”作为道具或布景创造出了一个别有意味的意境，即作者个人的情感世界，还是主要为了再现此事此物本身。创造与再现有时颇难分辨，是否“主要”就有一个把握分寸的问题。直白地说，文学与非文学之间并无绝对明确的汉界楚河，其间肯定有一个模糊地带。好的文学作品读多了，自然会形成一种“文学感觉”，大家相信自己的直觉就是。

我今年80岁，对当年“日本鬼子”飞机来轰炸的事几乎毫无记忆，但听大人讲过“逃警报”的事，我们那边还有逃警报时专用的“警报袋”，现在连这两个名词也在我们的方言里消失了。我真正要说的是汪曾祺的散文《跑警报》。这确确实实是一篇足以传世的好作品，也是用来说明文学散文基本特征的好例子。

当年，西南联大的师生确实时常要“跑警报”，但汪曾祺写作的目的显然不是给相关词典的这一条目写说明文字，也就是说《跑警报》主要不是介绍其“跑”的前因后果、利弊得失，“跑”的路线、时间，等等；虽然离不开这些客观存在的事实，但也无非是借此展现作者心目中西南联大师生的从容淡定，即作者所说的“不在乎”。我们读后的主要收获也不是明白了相关历史事实的知识，而是对于西南联大师生精神的一种体验、品味、玩索，一份感受、感慨、感动！当然你可以说，西南联大的这种精神是客观存在，但我们体验、品味、玩索的对象是汪曾祺的这篇《跑警报》之所写，我们的感受、感慨、感动来自这篇《跑警报》之所写。“跑警报”的事当然和阿Q造反、祥子买车不一样，是客观存在的，但空气般弥漫于《跑警报》整篇作品的“不在乎”却实实在在是汪曾祺个人独特的发现，而在一定意义上说，发现就是创造；特别是洋溢于字里行间的“不在乎”所由生成的语言文字更是汪曾祺百分之百的个人创造。就算“不在乎”不纯粹是汪曾祺的创造，但《跑警报》之所以打动我们的特质，却不能不承认是汪曾祺百分之百的创造。

如果单看它所写之人之事，可谓杂多，甚至琐碎。全文约4400字，写到的有名有姓、有姓无名、无名无姓的却有十余人之众；所写之事，天上地下，过往今来，教学恋爱，对联民歌，零食买卖，涉及面之广之杂，与文章篇幅之短之小，恰恰构成了极其鲜明的对比。

这篇文章的写法，让我想起了我们国画的皴法，或点或线或面，着墨无多，而“神明殊胜”。这篇文章的“神明”就是“不在乎”，而其每个细节都从各自不同的角度、层面与力度为创造同一个意境做出了各自的贡献。如开头第一段：

> ……班上有个女同学，笔记记得最详细，一句不落。雷先生有一次问她：“我上一课最后说的是什么？”这位女同学打开笔记夹，看了看，说：“您上次最后说：‘现在已经有空袭警报，我们下课。’”

作者紧接着说“这个故事说明昆明警报之多”，其实汪曾祺在这里用了“障眼法”。依我看来，表面上固然是在说明警报之多，但我们读了笑过之后，余味无穷的还是“不在乎”。老师的句子非常完整，可见对于警报态度非常从容，丝毫没有惊慌失措的样子；尤其是这位女同学，居然还会一字不落地记下这个本来就可以不记的内容，她这是从骨子里不经意流出来的淡定。写一同学“最善于跑警报”，不只是写他“背了一壶水，带点吃的”，夹着一卷诗；而且作者特别点明是“温飞卿或李商隐的诗”，温李两位出现在此处，实在是神来之笔，“最有风度”。如果所带之书是《防空指南》之类，就有霄壤之别，就绝对不是西南联大的学生。这样的例子在文章里多了去了，不胜枚举。倘若这些写的都是联大师生的“不在乎”，那么我们千万不能忘了文章本身的从容淡定，作者自己的“不在乎”，不但洋溢于行文的悠然自得，还表现在多处似乎是远离主旨的“宕开一笔”，如其间关于跑警报地点的文字：

> ……古驿道的一侧，靠近语言研究所资料馆不远，有一片马尾松林，就是一个点。这地方除了离学校近，有一片碧绿的马尾松，树下一层厚厚的干了的松毛，很软和，空气好——马尾松挥发出很重的松脂气味，晒着从松枝间漏下的阳光，或仰面看松树上面的蓝得要滴下来的天空，都极舒适外，是因为这里还可以买到各种零吃。昆明做小买卖的，有了警报，就把担子挑到郊外来了。五味俱全，什么都有。

接着还介绍了“丁丁糖”得名的由来。又如前面关于原来奔走于古驿道的马锅头们唱“调子”的细致描述，这还不够，又引用了内容为情歌的四句唱词，才四千多字的篇幅，题目是“跑警报”，这不是过于奢侈了吗？不，一点也不，汪曾祺以其自身的“不在乎”写西南联大师生的“不在乎”，从而彰显我们中华民族的“不在乎”！文章结尾写道：

为了反映“不在乎”，作《跑警报》。

汪曾祺此文不但以其内容，更以其形式表现“不在乎”，让我们读者不但知道他们的“不在乎”，更是让我们真切地感到了“不在乎”，此其之所以为高也！《醉翁亭记》《喜雨亭记》《项脊轩志》等主要价值都是在于作者主观心灵状态的艺术呈现，而不是其中涉及有关醉翁亭、喜雨亭、项脊轩客观性的部分。

文学、文学语言不仅仅是为了让读者有所知，更是有所感；而且，其知，不是来自作者的说教，而是蕴含于所感之中。

原载《语文教学通讯》高中刊2018年第1期

教师所能教给学生的只有自我

在现实生活中，人们往往把“教书”当作“从教”的同义词，教的对象虽是学生，教的内容却是书。作为职业，“教书”自然偏重内容而偏轻对象。后来提出“教书育人”，指教师不但要教书，还要教人。这里的人是指学生。我们现在想给“教人”一词提出一种新的解释，即“以人教之”。人是指教师自己。我认为，教师所能教给学生的，不是书，而是只有教师自我。

“以人教之”和“以书教之”是两种不同的教学观念。以书教之，强调是所教的书，用韩愈的话来说就是所传之道、所授之业。师道尊严实源于所传授之道、业的尊严，如果师与所传之道与业有所偏离，师不但毫无尊严可言，几乎一定在打倒之列，明代的李贽就是一个典型。道和业在师之上，师只不过是道和业的载体，将之“传授”于生而已。生之于师，只是接受所传授的道、业，只要所授为道与业，可以不问师为何人，即所谓“道之所在，师之所在也。”

“以人教之”则不然，它强调教者这个人的作用，重视教者与学生作为人与人之间的关系。与把“教学”理解为“传道授业”不一样，“以人教之”的观念认为，教学的本质是正如海德格尔所提出的“让学”，即教师“让”学生自己去学，与所学的内容相比，“让学”之师的作用是更加重要的。

雅斯贝尔斯则认为：“所谓教育，不过是人对人的主体间灵肉交流活动。”[①]“让学”首先是教师主动、自觉的行为，是教师和学生的关系中发生的活动，关键在于启发、引导学生去学。这比起学生所要学的道与业本身更为重要。因为作为道、业，如果学生不学，对于学生来说也是没有意义的。学生的学习或出于外在的强迫，或出自学生内在的需要，而正如雅斯贝尔斯所指出的，“所有外在强迫都不具有教育作用，相反，对学生精神害处极大”[②]。事实也一再证明：教育只有转化为学生自我教育，才会真正有效。“让学”的前提就是激发学生学习的兴趣，点燃学生学习的欲望，使之产生学习的内在动力，具有学习的主动性、自觉性、积极性。这种内在的动力，不仅能使学习本身变得快乐，而且还能开发学生的潜能，鼓舞学生自己去克服学习中所遇到的困难。总之，使学生学习的过程成为自身成长、发展的过程。汽车如果失去了动力，推着拖着，不但艰难无比，也绝对跑不了多远的距离。教学不能只是把眼睛盯住要跑的公里数，而置动力有无与大小于不顾；假如教师使学生的学习有足够的动力，让学生自己开车前行，必定比推着拖着跑得要快、要好。因此，我们认为，教师要把自己百分之九十以上的时间、精力用于“让

① ［德］卡尔·雅斯贝尔斯：《什么是教育》，邹进译，生活·读书·新知三联书店1991年版，第3页。

② 同上书，第5页。

学”——激发、点燃学生学习的兴趣、欲望，而不是相反，用于道与业本身的传授上。

“让学”应有两层含义。一是“让热爱”，即让学生爱上语文。费尔巴哈说得好，感情只对感情说话。不可能设想一个对语文不爱的教师能教出爱语文的学生，只有教师对语文的爱才能诱导学生爱上语文。二是“让实践”，这就有必要让学生懂得如何去实践，从而了解学习的门径，知道该怎么去学，即所谓“授之以渔”。显然，语文教师对语文之爱，不属于所爱的语文，而属于愿爱、能爱之教师自我。而学习的门径不是别人哪怕是权威的经验，而应当来自教师自我的长期不懈的学习中得来的感悟；即使是权威的指点，也应为他自己的经验和教训所渗透、所注解，所以也应当看成是教师自我的一个有机组成部分。更何况，教师“让学”的必要前提是如马克斯·范梅南所说的教师对学生的作为“教育关系发展的先决条件”的“教育爱”，这更是教师心灵生活的主导。因此，“以人教之”比“以书教之”更贴近教学行为的本质。

即使从教学内容这一角度看，“以人教之”也远超过“以书教之”。教师自然要教他的学科，但成功的教师之成功的教学，教师和他所教的学科总是水乳交融而为一体的，仿佛他就是他所教的学科，学科成了他的一部分，他所教的不是他所懂的，而是他所有的；不是外在于他的，而是内在于他的，是他自己心里流出来的，就是他自己。他不可能完全客观地对待它，因为它是他生命的一部分，是他生活内容的一部分，渗透着他的感情，活跃着他的灵魂。教学，是他这个人在学科中和他的学生的相遇，以至于学生日后所回忆起来的不是他所讲的内容，而是他这个人。鲁迅曾是章太炎的入室弟子，在晚年所写的《关于太炎先生二三事》一文中他说："先生的音容笑貌，还在目前，而所讲的《说文解字》，却一句也不记得了。"[①]出现在学生面前的不是作为职业的教师，而是教师这个人。教师不是他的面具，教师就是他这个人。帕克·帕尔默认为："真正好的教学不能降低至技术层面，真正好的教学来自于教师的自身认同与自身完整。"她说：

> ……在我听到的每一个故事中，好教师有一共同的特质：一种把他们个人的自身认同融入工作的强烈意识。"A博士教学的时候，就是原原本本的她站在那"，一个学生告诉我，或者"B博士对他所教的课充满热情"，或者"你可以说这就是C教授的真实生活"。
>
> 我听一个学生说，她描绘不出好老师是什么样的，因为老师之间的差异实在太大了，各有千秋。但是她可以向我描述不好的老师都是什么样的，因为不好的老师都是一个样："他们说的话在他们面前漂浮，就像卡通书中气泡框里的话一样。"
>
> 她用这样一个突出的形象就说明了一切。不好的老师把自己置身于他正在教的科目之外——在此过程中，也远

① 鲁迅：《鲁迅全集》（第六卷），鲁迅先生纪念委员会编纂，人民文学出版社1981年版，第546页。

离了学生。而好老师则在生活中将自己、教学科目和学生联合起来。①

真正的教学与其说是教师与学生的相遇，不如说是人与人在教学中的相遇。我们正是在这个意义上说，教学不是教书，而是教人。这不是说教师不要教书了，而是说语文教师本身应该就是汉语，应该就是文学。对于汉语和文学，他不仅有透彻的理解，更有深刻的感情。借用一个时髦的词来说，他起码是汉语、文学的“形象大使”。这并不一定意味着他必须一定是汉语学家和文学家，但他在汉语、文学方面确实有相当的造诣；而且他使一般的汉语学家、文学家自叹不如的是他有把少年儿童领进汉语、文学大门的热情和本领。他从事的是传承人类文明的伟大工作，在汉语学家、文学家面前他没有丝毫理由因自己是语文教师而自卑，恰恰相反，他会因此深感自豪。

语文教学，不管是作为科学，还是作为艺术，重要的是语文教师自身从个人、个性的角度，对汉语、对文学的感受、感情、感悟，对学生学习汉语、文学的态度、心理同情地理解和真切地体验。其中无不渗透着他个人独特的生活阅历，浸染着他个人独特的精神积淀。他的每一堂课、每一次批改，又都是他在特定的时空和特定的对象在精神上的相遇、对话。这一过程对他本人来说也是不可复制的，更不用说移植到别人身上了。梅兰芳即使上

---

① ［美］帕克·帕尔默:《教学勇气——漫步教师心灵》，吴国珍等译，华东师范大学出版社2005年版，第11页。

演他已演过无数次的保留剧目，他说也要有一点“陌生感”，以便他能有继续创造的空间；否则就只有失败。文学创作当然是有规律的，但不是所有懂得这一规律的人都能成为作家。一个作家可以把自己的创作经验传授给他的儿子，但这并不一定能使他的儿子成功地从事文学创作，因为文学是极其个性化的创造性劳动，一个作家无法把自己对创作的感悟，尤其是他的人生体验移植到儿子身上；而这却是文学创作的生命。初入语文教学之门者，应当多听老教师、优秀教师的课，虚心向他们学习；但如果一味模仿，亦步亦趋，即使一招一式全部一丝不苟地照抄照搬，充其量也只是形似而已，而不可能达到神似的境界。优秀教师之“神”，凝结着他毕生的追求，渗透着他富于个性的汉语素养和文学修养，浸染着他独特的人生阅历，洋溢着他对教育、对学生的感情。所有这一切都不是靠模仿所能得来的。你所能教给学生的只有你那个自我，要真正走进语文教学之门，成为语文教育的科学家、艺术家，只有靠自己坚持不懈的修炼，读书、思考、实践，信念、品格、学问，不断战胜自己，不断自我超越。

如果我们认同“语文教师所能教给学生的只有自我”这一观点，那么我们就会更深刻而真切地体验到语文教师这个岗位的崇高：你在教语文，意味着你在教语文中做人，做一个引导、促进下一代成长、发展的人。你不只是因此而得到相应的种种待遇，更主要的是你从中在创造生活的意义，实现生命的价值，享受活着的快乐。由于你的学生的成长，并因此自己同时也在成长，你会由衷感到充实、自在、愉悦，而不会觉得愧疚、空虚、厌倦。教学，就是你安身立命的最佳处，你始终在与语言、文学的创造性关系中，与学生的关系中，享受自我的发展，享受学生的成长，“虽南面王乐，不能过也”(《庄子·至乐》)。

由于语言、文学浩瀚无比，由于学生的生命、生活又无比广泛、复杂，而语文教师岗位又要求你必须以真我面对，因为“教学提供通达灵魂的镜子”[①]，任何矫情、造作、掩饰等都无用武之地。语文教师首先必须真正认识到自己的渺小，然后就像我们说到的那个井蛙跳到海边，不断地自我超越。好在教学本身就是一个教师领着学生不断自我超越的过程，而不是一个将语言、文学奉送给学生的过程。而且，发现自己的渺小，正是一个语文教师走向优秀、卓越的开端。在教学中不断实现自我、超越自我，学术立己，教育报国；以教为学，其乐无穷！愿以此与各位读者共勉。

原载《中学语文教学》2007年第5期

① ［美］帕克·帕尔默:《教学勇气——漫步教师心灵》，吴国珍等译，华东师范大学出版社2005年版，第3页。

试论“教”“学”的内在同一性[①]

教育也是对教育者的教育

教育，是指向受教育者的，同时也是指向教育者的。教育不单是指受教育者接受教育，教育者自身也在教育受教育者的过程中受到教育。以前，我们常说，教育者必先受教育，意思似乎是一个人之所以能够成为教育者，他必须在成为教育者之前受到教育，也就是说，他必须曾经是一个受教育者；在他成为教育者之后，他就成为受教育者的教育者。我认为，教育者确实应当先受教育，但这并不意味着，他成为教育者之后，他的职责就只在于教育别人。不，对于教育者来说，教育本身就不但可能是而且必然是、应当是对教师自己的教育。

亚里士多德曾经说过，教育是“善”，是“美德”。教育者难道就是“善”和“美德”的化身吗？我想，不但教育者不可能是，任何一个现实的活生生的人都不可能是。或曰，教育者作为

① 原载倪文锦、王荣生主编：《人文·语感·对话：王尚文语文教育论集》，上海教育出版社2010年版，第430—435页。

人虽然不可能是，但他在教育受教育者时，则应当是。我认为这将导致教育者作为人与教育者作为教育者的分离甚至对立，仿佛教育者是教育者的面具，而不是他真实的完整的本人。这不对！这不好！必须改变这种意识和状态。因为教育是教育者与受教育者作为真实的完整的人之间的关系，是两者共同趋向善和美德的过程，即使从专业的角度看，也是两者共同向真、求真的过程。

教育严肃而又伟大。马克斯·范梅南认为："教育的本质更主要的是一项规范性活动。"他说：

> "规范的"（normative）意味着为人父母和从事教学总是与价值、喜好、道德问题有关。我们不妨说教育从根本上是一种道德行为。……谈到我们与孩子的教育生活是规范性的，意味着我们接受这一点，即作为教育者和父母，我们必须得有一定的标准，我们自己应该总是指向"好的"。①

事实上，我们并不一定总是"指向好的"。为了应付检查，有的学校公然逼迫、劝诱学生说谎。例如"双休日我们并没有补课"等等，而且说得要像真的一样。这是教育行为的动机问题。再有就是我们认为是"好的"，实际上却是不好的，甚至是极坏的，这是认识问题。我曾从电视报道中看到一个教师对学生施以鞭刑，一下就是一道紫红的鞭痕。她认为这对于学生很有教育效

---

① ［加拿大］马克斯·范梅南：《教学机智——教育智慧的意蕴》，李树英译，教育科学出版社2001年版，第14页。

果。看来她是真心实意地认为这是“指向好的”。前者是有意为恶，后者是有心为善而实则为恶。“指向好的”，这对教育者来说既是良知的问题，也是认识的问题；既是一个理论问题，更是一个践履的问题。这是一个每走一步都要相遇的问题，不是能够一次性解决的问题，即时时、事事、处处都存在，都要面对，都要经受拷问，都要做出选择的问题。教育者就在这样的选择中堕落或者提升，倒退或者前行，是成为无愧于善和美德的真正的教育者，还是成为一个戴着教育面具的心灵杀手。由此可见，教育确实不单是对受教育者的教育，也是对教育者的教育。

教和学在本质上具有同一性

学校教育指的主要就是教学。为什么教，教什么，怎么教，实质上都面临一个价值取向问题，《学会生存》指出：

> 很久以来，教育的任务就是为一种刻板的职能、固定的情境、一时的生存、一种特殊行业或特定的职位做好准备。教育灌输着属于古旧范畴的传统知识。这种见解至今仍然十分流行。然而，那种想在早年时期一劳永逸地获得一套终身有用的知识或技术的想法已经过时了。传统教育的这种根本准则正在崩溃。现在不是已经到了寻求完全不同的教育体系的时候了吗？①

① 联合国教科文组织国际教育发展委员会编著：《学会生存——教育世界的今天和明天》，华东师范大学比较教育研究所译，教育科学出版社1996年版，第98页。

可是，陈旧的见解确实“至今仍然十分流行”。不少人还总是认为，教师是传授知识、技能的人；学生是接受教师施教的人。教和学，就是授与受，泾渭分明；教师和学生，是两种完全不同的角色。学校是教师施教、学生受教的地方，教学是教师施教、学生受教的过程。这种教，是基于自我付出的教；这种学，是基于教师教的学。

必须重新审视教与学的活动，并在此基础上建立新的教与学的观念，由基于教师教的学转变而为基于教自己的学；由基于自我付出的教转变而为基于自我学习的教。

从字源学上看，“教”与“学”本是一字，后来才逐渐分开的。“教”亦作“效”，“教”“学”两义并存。《说文》：“教，上所施，下所效也。”教既指施教，也指受教——学习。有时偏“教”，如《广韵》：“教，教训也。”《书·酒诰》：“文王诰教小子。”有时偏“学”，如《释名》：“教，效也，下所法效也。”“教”就是“效”，“效法”“仿效”之“效”，即向别人学习；而为之效法，则又是指让别人学习，也就是“教”。[①]概而言之，在古代，教学并不分离，教有学义，学有教义。后来，教、学分化，各有专指，当然是一种进步，但不能因此而把两者彻底对立起来，在教中排斥学，在学中排斥教。教有学义，学有教义，对于我们今天认识“教”“学”的本质还是颇有启示的。特别值得我们注意的是《尚书》提出的“斅学半”这一命题。对此，《礼记·学记》做了如下发挥：

① 王力：《同源字典》，商务印书馆1982年版，第300页。

> 虽有嘉肴，弗食不知其旨也。虽有至道，弗学不知其善也。是故，学然后知不足，教然后知困。知不足然后能自反也，知困然后能自强也。故曰教学相长也。兑命曰：“斅学半”，其此之谓乎？[①]

看来，教是教者“知困”而“自强”的过程，学是“知不足”而“自反”的过程。知困，即知己之有不通之处，自强是自己督促自己（学习）的意思。自反，即反求之于己。由于教不是单纯的传授，更不是灌输、移植，而是一个探求、摸索的过程，必然会遇到困难，产生困惑，于是发愤自强。此所谓教，不正是自我学习吗？不学而教，固然是盲目的冒险；教而不能知困，也不是真正的教；知困而不能自强，怎么教也不会有什么长进。所谓学，其本质是学生自觉地以文本为师，以生活为师，自己教自己。简言之，学，就是教自己。海德格尔认为：“称职的教师要求学生去学的东西首先就是学本身，而非旁的什么东西。”[②]他说：“教所要求的是：让学。”[③]首先就是让学生不断明白既有自己教自己的必要，也有自己教自己的可能。学生在生活——成长的过程中出于自我实现的主动追求和积极探索，不断发现越来越多的为自己所未知的“是什么”和“为什么”，然后尝试着去感知、思考、探索，从而自觉地以书本为师，以别人为师，以求思考、探

① （元）陈澔：《礼记集说》，中国书店1994年版，第309页。

② ［德］海德格尔：《人，诗意地安居》，郜元宝译，广西师范大学出版社2000年版，第20页。

③ 同上。

索更富成效。也就是说，学生应有自己教自己的真诚、强烈的欲望，并由此建立自己教自己的责任意识。学，是自己的事，就是自己的生活，就是自己的进步，就是自己的成长。了解自己之所不知，从而努力满足自己求知的欲望，本身就是一种快乐，一种责任。而且，学，就是求之于己，必须开发自己的潜能，运用自己的智慧，从而解决自己的问题。从师，仅仅是为了更快更广更深地了解己之不足，仅仅是为了更快更好地解决自己的问题。因此之故，他决不自满；也因此之故，他决不盲从。这就是我们所说的基于教自己的学。甚至我们可以进一步肯定，学的本身就是教自己。确实，教育，只有转化为自我教育，才能真正取得成功。而基于教师教的学，则往往是被动应付的，缺乏自觉愿望的，没有内在动力的：教师教什么他学什么，教师教他怎么学他就怎么学，教师的评价就是自己的评价，不教的就不学，教的终止就是学的终止。学，仿佛是教的产物；学生，仿佛是教师的附属；教学，仿佛是一种入侵，一种殖民行为。基于教自己的学，是有求之学，而且总是求之于己；基于教师教的学，是被求之学，而且总是求之于师。

教师应当比学生更可教

海德格尔说，教师，“他得学会让他们（指学生——引者）学”[①]，真是一语道破了“教”的奥秘之所在。教主要不是一种传

---

① ［德］海德格尔：《人，诗意地安居》，郜元宝译，广西师范大学出版社2000年版，第20页。

授知识、技能的行为，而首先是激发学生学的愿望，培养学的责任意识和能力——教自己的意识和能力的活动。教，特别不能让学生变得不可教，“这是老师说的！”不少学生总是这样为自己错误的认知或行为辩护。因为基于教师教的学，总是以为学到的是无可置疑的绝对真理，更因为老师总是以为自己所传授的一定是对的好的，或被说成一定是对的好的，否则自己的教就毫无价值可言，饭碗也就岌岌可危了。教，就是教学生信，信自己所教的，现在信，将来信，信一辈子；教学生疑，就是和自己过不去，于是疑就成了大逆不道！而基于教自己的学，必然发端于对自然、对世界、对人生的质疑，并且总是在拷问自己所学的是否于解答自己的疑惑具有真正的价值，因为即使是人们公认的常识也往往在不断被证伪。在教自己的过程中，他固然也学到了知识、技能，但仅仅是为了“致用”，更在“致用”的过程中不断地教自己，从而不断地更新已经学到的知识、技能，决不会一信到底，一劳永逸。学，面对的不是教师的教，而是面对自己的人生，而任何一个人的人生总是处于变化、流动的状态之中。

“让学”比传授知识、技能要困难得多，因为它要激发、培养、发展学生对自然、对世界、对人生的好奇心理、质疑心理、探究心理，并且学会质疑、学会探究、学会不断地更新自己。海德格尔说得好，“教师必须能够比他的学生更可教”[①]。学生是否可教，关键在于教师是否可教。不可教的教师往往只会教出不可

① ［德］海德格尔：《人，诗意地安居》，郜元宝译，广西师范大学出版社2000年版，第20页。

教的学生，只有比学生更可教的教师才能教出可教的学生。所谓“更可教”，是因为教师的那个圆比学生的那个圆更大，圆周外面的世界也因而更大。他的未知也因而比学生的更大，引发他好奇、质疑、探究的东西也更多。古文，胡适读了不少，因此他才会说所读的他大半不懂。这，你赞之为谦虚固然不错，目之为自豪大概也相去不远。青蛙在井底，由于所见之天才井口那么大，因而活得非常安心自在；只有当他到了海边，看到大海之无边无际，才产生了自身的渺小感、无知感、危机感，于是学的欲望油然而生。“让学”者不是井底之蛙，而是海边之蛙。正是基于海边之所见，他才产生了让井蛙学的责任感、使命感，并且把他们领到海边和他们一起下海去求索，正是基于对自身渺小、无知的清醒认识，他才真正取得了教的起码资格。“让学”者自己必须是学习的狂热爱好者、身体力行者。他不但先学后教，更在教中学，边学边教，特别是以教为学，和学生一起学。他由衷地关爱学生，因而他能向学而教，为学而教；他是某一专业领域的权威，假若他要成为这一专业领域教学的权威，他必须体察学生的心理和需要。而且他深深地知道，学生的心理和需要才是他教的活动的依据、准则，因此，仿佛学生才真正是教学活动的权威——潜在的权威，学生好奇、渴望的眼神赋予了教师生命的价值、责任，他因此而改变了自己，由此而开始了新的人生。他确也在传授知识、技能，但绝不只是盯在知识、技能上，绝不只是着力于知识、技能的传授上，他有更广阔的视野，更深邃的洞察，他更多地是在以自己这个人感染学生，以自己的精神、追求引领学生，以自己学带动学生学，参与学生学。学生学到的主要不是可以证伪的知识、必须不断更新的技能，而是教自己的意识和能力。这样，实际的教学时间虽然是短暂的，但对学生的影响却是长远的，甚至是延续终生的。

不管是对自然、社会还是对自我的认知，大家都只是走在路上，谁也不能说我已到终点，你们快快跟上来吧！除非是连海边都还不曾梦见的不可教的井底之蛙。——我是在另一层意义上运用这则寓言。任何一个人都是井底之蛙，爱因斯坦也不例外，只不过他能持续不断地从这一口井跳到另一口井口更大一些的井。不管他在哪一口井，他所看到的天都只是井口那么大，直至他的生命终结。即使此时此际，他也清醒得很，知道自己虽然已经没有时间和精力跳到另一个井口更大的井，但天绝不只是他所在的那口井的井口那么大。他之所以受到人们的敬仰，他之所以能够成为人们的导师，绝不只是他所见到的那口井的井口比我们的大，而是他教导人们知道真正的天一定比他所在的那口井（即使是他终老于此的那口井）的井口要大，要大得多，其大甚至无法比拟。教师也一样，他之可敬，在于他自己可教，即不但自己知道，而且让学生也知道天不像他那口井的井口那么大；如果只是知道比学生所在的那口井的井口要大，要大多少多少，因而可以绝对的权威自居，对学生指手画脚，那他肯定是一个不合格的教师。合格的教师永远在“跳”，即永远在学。学生学到的主要是跳的勇气、决心、毅力，是跳的途径，如何跳得更高更远的心得，如何着力，何处着力，等等等等。他是在教，但却是基于自己学的教。这不仅是由于教师自己学而不断给教注入新的动力、活力，更是因为教学就是对话，正如保罗·弗莱雷所指出的："通过对话，教师的学生（students-of-the-teacher）及学生的教师（teacher-of-the-students）等字眼不复存在，新的术语随之出现：教师学生（teacher-student）及学生教师（students-teachers）。教师不再仅仅是授业者，在与学生的对话中，教师本身也得到教益，学生在被教的同时反过来也在教育教师，他们合作起来共同成长。"[①]学，不但在教之前，更在教之中，对他来说，教就是学。以语文学科为例，何为"主语"？何为"诗"？《红楼梦》的意蕴，鲁迅的精神，教师只能学。如果他要教，他只有和学生一起学，因为他没有别的选择。因为他坚信，天一定比他在井底所见的要大很多很多。学校是学生的学校，更是教师的学校；教室是学生的教室，更是教师的教室；讲台是教师的讲台，更是学生的讲台；学校、教室、讲台都是师生和对话的空间。

基于自我付出的教却与基于自我学习的教不同。我好不容易学到知识、技能，我把它"奉献"给你们，你们应该知恩感恩，即使不在目前，日后也应涌泉相报。何况我教的还不是一滴水，而是一桶水！你想啊，一桶水该有多少滴呀！那真是"相当"地多，多得数也数不清。没有我这桶水，你们早就枯萎了。我在传授就是我在奉献，你们得毕恭毕敬，"终日不违如愚"。要读经，要学学那位好学的颜回，当然不希望你们像颜回那样短命，以致想报恩都没有时间和机会了！培根不是说过"知识就是力量"吗？我给你们的正儿八经的知识，是如不变的天那样的不变之

① ［巴西］保罗·弗莱雷：《被压迫者教育学》，顾建新等译，华东师范大学出版社2001年版，第31页。

道，永不生锈，永不发馊，永不变质，时时有用，处处有用，事事有用，特别是于统考——中考、高考有大用。要知道，一分有时就值几万元哪！我教的知识点，就是可能的考点，而且可能就是考点，赶快记下来，背出来，要滚瓜烂熟，当然还要灵活迁移！学校是校长说了算，在这课堂上可是我说了算。当然我也竭诚欢迎大家的意见和建议，错了也不要紧。谁没有年轻过？谁没有幼稚过？就是老师我也一样，当年可能比你们还不懂事。教师不就像人们常说的蜡烛吗？为了照亮学生而不惜燃烧自己，为学生付出了自己的心血，甚至不惜耗尽自己的生命！——这样的教师的确不具可教性，教出来的学生可能比他更不可教。

让我们一起努力跳吧：从基于教师教的学跳向基于教自己的学，由基于自我付出的教跳向基于自我学习的教！

我看“平等者中的首席”

从历史发展看，语文教学经历了由“训诲—驯化型”向“传授—训练型”的巨变。看来今后很有可能会向“对话型”发展。2002年出版的《中学语文教学研究》一书曾以专节讨论了“语文教学对话的教育性”，认为“作为对话的语文教学尊重学生作为对话者的主体性，同时充分认识学生作为对话者的特殊性，要求教师在对话中充分发挥引导、促进、推动的作用”①。在这个过程中，有不少朋友向我提出了在教学中师生是否真能平等和师生两种主体性的关系问题。这两个问题其实都关涉到如何理解“平等者中的首席”这一概念。

有人认为，师生虽然在人格上是平等的，但在阅历、学识、能力等方面却不可能平等。我的观点是，正如不能因为两个人身高不相等就说他们的身高不平等一样，师生阅历、学识、能力等方面的差异只是不相等而已，不是平等不平等的问题。平等一般

---

① 王尚文主编：《中学语文教学研究》，高等教育出版社2002年版，第145页。

指的是处于同等的地位，享有同等的权利。具体的活生生的人相互间总是有种种差异的，差异仅仅是不相等而已，绝不能成为不平等的理由。好比穷人与富豪在财产上的不相等并不妨碍他们在法律面前的平等。如果一味强调财产的不相等就是所谓“不平等”，那么穷人与富豪在法律面前所应有的平等就有落空的危险。我们要强调的应当是阅历、学识、能力等方面不相等的师生在人格上的平等，而不应把阅历、学识、能力等的不相等说成是不平等，从而淡化甚至消解师生在人格上的平等。在师生平等对一些人来说还是相当新鲜的当年，我曾尝试提出教师的人格未必比学生高贵，教师的心灵未必比学生高尚，教师的能力未必比学生高强的所谓“三未必定理”。常言道，智者千虑，必有一失；愚者千虑，必有一得。具体到对某一文本的解读，我们即使把学生看成是所谓的“愚者”，也有胜过智者之一得；就算教师真是智者，也有不及愚者之一失。一般地说，教师的阅历、学识、能力等当然要比学生丰富、渊博、高明得多，因此教师应当而且能够引导、促进、推动学生在学习的道路上不断前行。教师若要真正发挥这种引导、促进、推动的职能，就必须与学生平等相处，而千万不能凭自己在阅历、学识、能力等方面的优势，就宣称自己高学生一等。雅斯贝尔斯说得好：“教育者不能无视学生的现实处境和精神状况，而认为自己比学生优越，对学生耳提面命，不能与学生平等相待，更不能向学生敞开自己的心扉。这样的教育者所制定的教学计划必然会以自我为中心。在人的存在和生成中（以人的年龄、教养与素质差别区分），教育环境不可或缺，因为这种环境影响一个人一生的价值定向和爱的方式的生成，然而现行教育本身却越来越缺乏爱心，以至于不是以爱的活动——而是以机械的、冷冰冰的、僵死的方式从事教育工作。”[①]师生不平等的意识容易导致教师对学生粗暴的甚至冷酷的专制。只有平等，才能臻于和谐；只有平等，才能充分达到教育教学的目的。当然平等并非相等，教师决不能因为师生平等而放弃自己对学生引导、促进、推动的职责。师生平等是师德的底线，我们必须始终坚守。目前出现的一些教师不敢教、不善于教的现象，其根源不在于师生平等的意识，而在于教师自身的专业修养尚未达到应有的水平。有的教师以误为正、以非为是、以丑为美，这笔账不能算在师生平等的头上。

作为对话，对话双方必须是平等的，这种平等是对话者对彼此作为对话主体的尊重，对话者的主体性不应由于对话者在阅历、学识、能力等方面的差异而受到损害。其中的一方不应以自己相对的丰富、渊博、高明而凌驾于另一方之上，尤其是在师生之间的对话更应如此。教师之强不是凌驾于较弱的学生之上的理由，而是作为“平等者中的首席”必备的素养；学生之弱也不影响他作为平等者之一员的地位。平等，是主体与主体之间的关系，实质上就是对彼此主体性的理解、认同与尊重。如果我们承认由于教师阅历、学识、能力等方面强于学生，教师的主体性就应当凌驾于学生的主体性之上，那么学生的主体性在实际上就会丧失殆尽，而沦为被专制的客体，倒退到过去教师主宰学生、统

---

① ［德］卡尔·雅斯贝尔斯著:《什么是教育》，邹进译，生活·读书·新知三联书店1991年版，第1页。

治学生的年代。而在今天，《学会生存》严正指出："教育工作者作为受教育者的教育者必须'死去'，以便作为受教育者的受教育者重新'诞生'。同时，他还必须向受教育者建议：他应作为教育者的受教育者而'死去'，以便作为教育者的教育者而'重生'。"[①]"死去""活来"，这是一个艰难甚至是痛苦的蜕变过程，而且不可能毕其功于一役。但是作为教师，必须完成这一过程。其实，我国在"师道尊严"的传统之外，还有"教学相长"的传统。《论语》中曾点关于其志向的描述是多么富有诗意："暮春者，春服既成，冠者五六人，童子六七人，浴乎沂，风乎舞雩，咏而归。"这甚至赢得了他的老师孔子的赞赏，说："吾与点也。"唐朝的柳宗元认为，"从师"即"取友"，要"交以为师"，"以其余易其不足"。(《柳宗元集·答严厚舆秀才论为师道书》）明代的李贽说："余谓师友原是一样，有两样耶？但世人不知友之即师，乃以四拜受业者谓之师；又不知师之即友，徒以结交亲密者谓之友。"(《焚书·为黄安二上人三首》）清章学诚《文史通义·原学上》指出："教也者，教人自知适当其可之准，非教之舍己而从我也。"著名语言学家任铭善先生曾是词学家、教育家夏承焘先生的学生，后来他俩又成了同事，在任铭善先生四十岁生日时，夏承焘先生送给他一副对联："念尔嘉名，取人为善，与人为善；是余至乐，南面教之，北面事之。"这些都非常值得我们借鉴。

有必要强调的是，教师之强，其基础绝对不是学生之弱，而

① 联合国教科文组织国际教育发展委员会编著：《学会生存——教育世界的今天和明天》，华东师范大学比较教育研究所译，教育科学出版社1996年版，第176页。

恰恰是学生由弱变强的过程。换句话说，学生由弱变强正是教师之所以为强的典型表征，因为这是教师激发学生兴趣、点燃学生潜能、引导学生前进的结果。激发、点燃、引导的过程，既是教师主体性的体现过程，同时也是学生主体性的体现过程。学生有倾听的兴趣和热情，有质疑的欲望和能力，正是学生主体性的实现。这在很大程度上应归功于教师的主体性的实现。概而言之，教师越是发挥他的主体性，就越能实现学生的主体性。教师之强不能也不是以学生之弱作为代价的，恰恰相反，学生之强才是教师之强的最有说服力的证明。名师出高徒，说的是徒之高证明了师之高。因为其师能使其徒由低而高。这是师之为师最大的成就、最大的快乐。徒之弱不但不能证明师之强，恰恰相反，而是暴露了师之弱。强将手下无弱兵，即此之谓。学生的主体性是由教师培育出来的，教师的主体性体现于学生的主体性之中，不能把两个主体性割裂甚至对立起来，错误地以为两者只能此消彼长，要高扬教师的主体性就必须压抑学生的主体性；而学生的主体性的实现就必然意味着教师主体性的消解。不！师生两个主体性是同时成就的，相辅相成，相得益彰。正如首先提出“平等者中的首席”这一概念的多尔所指出的：“作为平等者中的首席，教师的作用没有被抛弃；而是得以重新构建，从外在于学生情境转化为与这一情境共存。权威也转入情境之中。”[①]他认为：“教师是内在于情境的领导者，而不是外在的专制者（无论多么仁慈）。”[②]这正是

① ［美］小威廉姆·E. 多尔：《后现代课程观》，王红宇译，教育科学出版社2000年版，第238页。

② 同上。

对教师主体性内涵的最准确的阐释。多尔并没有拒绝“控制与权威”，而是认为它们“是内在养成的而不是外在强加的”。内在养成远远难于外部强加，因此“对话型”教学对教师的要求远远高于“训诲—驯化型”和“传授—训练型”的教学。多尔试图建立“没有人拥有真理而每个人都有权利要求被理解的迷人的想象王国”，而这也正是“对话型”教学的最高境界。

“自然需要说明，人则必须理解”，这是狄尔泰的著名论题。而正如莫兰所言，“相互理解总是主体间的，它需要开放、同情和宽宏”[①]。师生应当相互理解，而教师必须首先理解学生，“如果我看到一个孩子在哭泣，我将理解他，不是通过测定他泪水中含盐量的浓度，而是通过把他同化于我和把我同化于他，在我身上重新发现我孩提时的悲伤。他人不仅仅是客观地被认识的，而是作为另一个我们可以加以同化和我们可以被同化于他的主体来认识的，在这个过程中ego alter（另一个自我）变成了alter ego（自我的另一个）。在理解中必然包括移情、同化、投影的过程”[②]。面对目前的教育情境，我以为首先必须正视不少语文教师专业素养偏低的现实，在教育教学观念上，师生平等也远未真正生根，而语文素养偏低的教师凌驾于学生之上教导学生，甚至对学生实施专制，则是一个相当危险的倾向。

原载《语文学习》2006年第3期

① ［法］埃德加·莫兰：《复杂性理论与教育问题》，陈一壮译，北京大学出版社2004年版，第75页。

② 同上书，第179—180页。

朱熹读书法的语文教育价值

朱熹一生大半时间都从事于学术与教育，他的著作、言论中有一部分是专门指导门人如何读书的，其内容之丰富、影响之深远，在我国古代史上可谓前无古人，后无来者。他讲读书，实际上往往也就是在讲教书，而所读之书又几乎全部都是文、史、哲方面的经典著作，从语文教育的角度看，也具有很高的史料价值和理论价值，值得我们珍视，其中不少精辟独到的见解还是纠正我们当前语文教育弊病的对症良药。

语言文字，人非生而能知会用，必须通过学习，尤其是文字，更非通过有意、自觉地学习不可；因而任何一个民族的教育，语文教育都是不可或缺的组成部分。我们汉民族的语文教育更是深远流长，只是它往往与理论道德教育融为一体，一般并不单独分立。朱熹的读书法也没有语文教育这一概念，讲的几乎全是伦理道德教育，要从语文教育的角度观点的基础上细致地进行剥离、梳理，从而剔除其糟粕，吸收其精华。

培养什么样的人这一问题，从来都是教育理论和实践的根本。朱熹首先是理学家，无论是学术研究还是从事教育，都是为了继承、弘扬理学的道统。他一生办学的宗旨就是“希贤希圣”，即把学生培养成为古代社会的圣人贤人。

所谓圣人贤人，不是指出类拔萃的少数精英，而是人人都能够也应当达到的水准。他远承孟子“人皆可以为尧舜”“尧舜与人同耳”的启示，一再强调“凡人须以圣贤为己任”，“才学便要做个圣人”。人怎样才能成为圣贤？他认为人性可以分为本然之性与气质之性，把人心分为道心与人心，本然之性、道心由于完全和“理”（即理学之理，亦即所谓仁义礼智、三纲五常等“天理”）一致而尽善尽美，而气质之性、人心则未必与“理”尽合而有所不善不美，因而教育的作用就在于促使学生恢复本然之性，变化气质之性，发扬道心，也就是“存天理，灭人欲”。他说：“学者须是革尽人欲，复尽天理，方始是学。”①因此不能把为学与读书等同起来，“夫学，非读书之谓”②，但读书却是为学的必由之路，“……不读书，则无以知为学之方”③。读书为学是为了“存天理，灭人欲”，这是朱熹教育思想的根本，他的有关读什么书、如何读书等一系列见解全都是从这一根本上长出来的枝叶，因而是我们把握他的读书法的关键。

由于教学“只是学做个人”的宗旨十分明确，因而他十分重视学生作为学的主体地位。他说：“读书是自家读书，为学是自

① （宋）黎靖德：《朱子语类》（卷十三），王星贤点校，中华书局1986年版。

② 顾树森：《中国古代教育家语录类编》（上册），上海教育出版社1988年版，第173页。

③ 同上。

家为学，不干别人一线事，别人助自家不得”[①]，“读书须是有自得处，到自得处，说与人也不得”[②]。“学问，无贤愚，无大小，无贵贱，自是人合理会底事。……人若不自向前，师友如何着得力。”[③]鉴于学者是学的主体，他要求学生为学、读书应当居敬持志，紧着用力，“须是策励此心，勇猛奋发，拔出心肝与他去做……如此，方做得工夫”[④]。教师不过只起指引的作用，说“指引者，师之功也”。他曾以自己的经验为例阐释道：“某此间讲说时少，践履时多，事事都用你自去理会，自去体察，自去涵养。书用你自去读，道理用你自己去究索。某只做得个引路底人，做得个证明底人，有疑难处同商量而已。”[⑤]这显然和董仲舒的“师长有尊”大异其趣。董仲舒把师生关系列为“三纲六纪”中之一纪，从而将他们分出贵贱、尊卑。朱熹对此有所突破，实为难能可贵。由于“学做个人”的“人”就是圣贤，因而他坚决反对为科举而读书，也反对“自小即教做对，稍大即教作虚诞之文”，批评“自有一等人乐于作诗，不知移以讲学，多少有益！”[⑥]看来他不只是重“理”（理学之理）而轻“文”（文学之文）而已，且反对文学教育。其实，文学教育是语文教育极为重要、不可或缺的组成部分，理想的语文教育就是语文美育（即美育化的语文教育），而

---

① （宋）黎靖德:《朱子语类》（卷一百一十九），王星贤点校，中华书局1986年版。

② 同上书，卷一百四。

③ 同上书，卷十。

④ 同上书，卷八。

⑤ 同上书，卷十三。

⑥ 同上书，卷一百四。

文学就是美的心灵、美的感情、美的语言，是语文教育的最佳课文，是青少年的“通灵宝玉”。在这一点上，朱熹仿佛就是《红楼梦》里的贾政，贾政曾严令宝玉“再不许做诗做对”，因为诗词就是好了，也不过是风云月露，与一生的正事毫无关涉[①]，只是贾政的所谓“正事”是应试为官，而朱熹则是“希贤希圣”。

读什么书？当然是儒家经典，因为朱熹认为它们是趋近圣贤的阶梯，通向天理的桥梁，他说：“六经是三代以上之书，曾经圣人手，全是天理。”[②]而四书则是“六经之阶梯”，“必先观论孟大学中庸，以考圣贤之意”。史也当读，目的在于“考治乱亡之迹”，但也有先后，“若未读彻语孟中庸大学便去看史，胸中无一个权衡，多为所惑”[③]。至于诸子百家，则是为了“见其驳杂之病”。他甚至宣称：“必欲尽舍诗书而别求道理，异端之说也。”[④]

读书，朱熹主张循序渐进，反对“躐等”。就我见闻所及，论者对此均一致予以肯定，极为赞赏，其实如果我们不是从抽象意义上，而是着眼于朱熹这一主张的具体内涵，至少对于语文教育来说并无任何借鉴意义。关于循序渐进，他解释道：

> 以二书言之，则先论而后孟，通一书后及一书；以一书言之，则其篇章文句，首尾次第，亦各有序而不可乱也。量力所至，约其程课而谨守之。字求其训，句索其旨，未得乎

---

① 参见《红楼梦》第八十一回。

② （宋）黎靖德：《朱子语类》（卷十一），王星贤点校，中华书局1986年版。

③ 同上。

④ 同上书，卷一百二十一。

前，则不敢求其后；未通此乎，则不敢志乎彼。如是循序而渐进焉，则意定理明而无疏易躐等之患矣。是不惟读书之法，是乃操心之要，尤始学者不可不知也。①

书当然要一本一本地读，一般也必须由字而句而段而篇，从而学者也有读通一书作为一生治学基础的成功经验；但就一书一篇而言，若果真“方其读上句，则不知有下句；读上章，而不知有下章”，须是见得此句此章“彻了”，方可看下句下章，从语文教育的角度看，既无必要也无可能，所谓“通”“彻”是一个永无止境的过程；况且，对某句某章的“通”“彻”也离不开对全篇全书的整体把握，朱熹如此强调循序渐进，是因为他把读书等同于修身，把读书之法等同于操心之要的缘故。语言文字的学习固然和思想情感的修养不可分离，但语言能力的获得毕竟有别于伦理道德的进步。

书只是阶梯、桥梁而已，朱熹认为必须通过读和思才能经由书而趋近圣贤，通向天理。读和思在他看来是恢复本然之性、变化气质之性的过程，亦即将学者之人心化为圣贤之道心的过程，读是外显行为，思则是心理活动，互为依托，相辅相成。读和思的作用以及两者之间的关系，前人早有论及，朱熹的突出贡献在对此做出了最详尽、最透彻、最恳切、最精辟的阐述。朱熹读书法中的这一部分内容和语文教育最为贴近，也最值得我们学习、

① 顾树森：《中国古代教育家语录类编》(下册)，上海教育出版社1988年版，第171页。

借鉴。至于读，朱熹要求一个“熟”字：

> 问：“书如何读？”曰：“读书无甚巧妙，只是熟读。”①
>
> 工夫自熟中出。②
>
> 读书之法，先要熟读。须是正看背看，左看右看，看得是了，未可便说道是，更须反复玩味。③

“熟”须是“十分烂熟”“烂泥酱熟”，熟到“使其言皆若出于吾之口”，进入“不忍舍去”的“悦”的境界。为此，“读书者当将此身葬在此书中，行住坐卧，念念在此”。不是强记硬背，而是“自然成熟”。方法便是“记遍数”，“遍数已足，而未成诵，必欲成诵；遍数未足，虽已成诵，必满遍数”，遍数究竟多少？他未做规定，只是说“但百遍自是强五十遍时，二百遍自是强一百遍时”，起码该是一二百之数吧。一般来说，看和读都是由读物的言语形式通向它的思想内容的途径，读从言，和看不一样，必须发出声音，默读、阅读是后起之义。书面语言源于有声语言，是用文字的形体去代替语言的声音，丹纳指出：“人的喜怒哀乐，一切骚扰不宁、起伏不定的情绪，连最微妙、最隐蔽的心情，都能由声音直接表示出来。”④但语言的声音所渗透着、

---

① （宋）黎靖德：《朱子语类》（卷一百二十），王星贤点校，中华书局1986年版。

② 同上书，卷一百一十四。

③ 同上书，卷一百四。

④ ［法］丹纳：《艺术哲学》，傅雷译，人民文学出版社1996年版，第30页。

洋溢着的这一切几乎全都在文字中消失得无影无踪了，好比贝多芬《英雄交响曲》的解说文字，即使解说得再真切、再生动，读者也无论如何没有可能从解说文字本身听出它的旋律。因此曾有人把书面语言比成将美酒变成白开水的“罪恶的漏斗”，本来依附于语言声音极为丰富、微妙的意蕴全都从这漏斗中流失了。读把无声文字还原为有声语言，在这还原过程中就有可能比看更容易、更快捷、更全面地把握它的思想内涵，特别是进入它的情感状态、精神世界，朱熹显然见到了这层道理：说“大凡读书，多在讽诵中见义理”，而《诗经》“又全在讽诵之功”[①]，他认为即使本不理解的篇什，“只背得，少间不知不觉，自然相触发，晓得这义理”[②]。但读一两遍是收不到这种效果的，非“熟读”“背得”不可。同时，也只有“熟读”“背得”才能把书中的营养化为自身的血肉，将所知化为所有，使其附着、渗透于自己的心理结构。

关于思，朱熹要求一个“精”字，即“埋头理会”，“反复体验”。思可以而且应当贯穿于读的过程，即读中之思，务使“口即是心，心即是口”；但读中之思往往不易臻于“精”的境界，因此思还应该是一种独立的“理会”功夫、“玩味”功夫，即调动自己全部智慧的力量、情感的力量、意志的力量奋起拼搏，深入思考。他说：“如今看一件书，须是着力至诚去看一番，将圣贤说底一句一字都会理会过。直入见圣贤语脉所在，这一句一字

---

① （宋）黎靖德：《朱子语类》（卷一百四），王星贤点校，中华书局1986年版。

② 同上书，卷一百二十一。

是如何道理，及看圣贤因何如此说。直是用力与他理会，如做冤仇相似，理会教分晓，然后将来玩味，方尽见得意思出来。”[①]理会、玩味，“须是一刀两段，所谓‘一棒一条痕！一掴一掌血！’”不能拖泥带水，不能模糊朦胧，“务使其意皆若出于吾之心”。关于精思，他打了许多生动的比方，如：

如猛将用兵，直是鏖战一阵。[②]

如酷吏治狱，直是推勘到底，决是不恕他。[③]

看文字如捉贼，须知道盗发处，自一文以上赃罪情节，都要勘出。[④]

譬之煎药，须是以大火滚煮，然后以慢火养之。[⑤]

如吃果子一般，劈头方咬开，未见滋味，便吃了。须是细嚼教烂，则滋味自出，方始识得这个是甜是苦是甘是辛，始为知味。[⑥]

这个做工夫，须是放大火中锻炼，锻教他通红，溶成汁，泻成铤，方得。今只略略火面上烤得透，全然生硬，不属自家使在，济得甚事！[⑦]

---

①（宋）黎靖德：《朱子语类》（卷一百一十七），王星贤点校，中华书局1986年版。

② 同上书，卷十。

③ 同上。

④ 同上。

⑤ 同上。

⑥ 同上。

⑦ 同上书，卷一百二十一。

他坚决反对"绰略看过""泛滥看过"，认为所谓不紧着力的"从容玩味""乃自怠之一说"。任何言语作品都是言语形式和思想内容的统一体，读则侧重于言语形式，思则侧重思想内容，"读而未晓则思，思而未晓则读"，在言语形式和思想之间反复来回，不断深入，最终达到"心与理一"的境界。

朱熹的视焦始终集中于一个"理"字，当然与我们旨在培养语言能力的语文教育不同，但他关于熟读精思的论述却几乎完全适用，因为它几乎完全符合语文学习的客观规律。我们认为语感是语言能力的核心，是调控言语生成与理解的关键因素，而高品位的语感则是高品位的言语作品对象的结晶。此所谓对象化，就是朱熹说的通过熟读精思"使其言皆若出于吾之口"，"使其意皆若出于吾之心"。朱熹固然没有提出和运用语感这个概念，但他却似乎已经窥见其中的奥秘：

> 韩退之所谓"沉潜乎训义，反复乎句读"，须有沉潜反复之功，方得。……只如韩退之老苏作文章，本自没要紧事。然他大段用功，少间方会渐渐扫去那许多鄙俗底言语，换了个心胸，说这许多言语出来。[①]

这是朱熹正面论及语文教育之处，特别值得重视。要提高语言能力，须对优秀的言语作品下足沉潜反复之功，只有这样，才能积淀而为高品位的语感，"方会渐渐扫去那许多鄙俗底言语"，

① （宋）黎靖德：《朱子语类》（卷十一），王星贤点校，中华书局1986年版。

像韩愈、苏洵那样“说这许多言语出来”。“换了个心胸”，既指心灵的变化，也指语感的提升。由此可见熟读精思的功夫何等重要！“如今都教坏了后生，个个不肯去读书，一味颠没理会处，可惜！可惜！”[①]朱熹这话难道不像是针对当今语文教学的弊病而说的吗？我们搞了几十年的语文教改，进步不快、成效不大的主要原因之一，就是把熟读这个宝贵传统差不多丢光了，学生读得实在太少了，要求实在太低了！叶老曾经痛切提出，学生不注意读，“这是不能容忍的”，但我们终究还是容忍了下来，而且有愈演愈烈之势。因为高考、中考不考朗读，就根本不重视朗读，而把时间、精力主要用于与高考、中考对应的练习，即使是课本明文规定要背的，试问又有几个学生能顺顺当当地背得不误一字、不少一字、不多一字、不倒一字？！至于训练语感，那是什么劳什子东西，滚到一边去吧！真是：可惜！可惜！在熟读精思的过程中，如何处理言与意、虚与实的关系，朱熹也发表了一系列独到的见解，对于语文教育也很有价值，言与意的关系是就所读之书而言。由于圣贤之意出自圣贤之书，朱熹认为得意必从言入手，为了全面、准确地把握意，必先全面、准确地把握言。所谓全面，就是要把感知、理解的触角伸向言语形式所组成的每一个成分，决不忽略任何一个角落；“字字与某着意看，字字思索到，莫要只作等闲看过了”[②]。他一再强调，“看文字，须逐字看得无

---

① （宋）黎靖德：《朱子语类》（卷一百四），王星贤点校，中华书局1986年版。

② 同上书，卷十一。

去处。譬如前后门塞定，更去不得，方始是”[①]。所谓准确，就是“看文字，且依本句，不要添字”，“先还他成句，次还他文义”[②]。这就必须从各个角度深入语句所由组成的各个部分的内涵，理理它们之间的关系，把握“语脉”——流动于语句深层的思想感情的线索、脉络。由于圣贤之言内蕴深厚，他一再指出“须去里面理会”，“去尽皮，方见肉；去尽肉，方见骨；去尽骨，方见髓”，反对浅尝辄止。

他对“浑沦”之病的针砭也深中当今语文教学的弊病。“曾见有人说《诗》，问他《关雎》篇，于其训诂名物全未晓，便说：‘乐而不淫，哀而不伤。’某因说与他道：‘公而今说《诗》，只消这八字，更添“思无邪”三字，共成十一字，便是一部《毛诗》了。其他三百篇，皆成渣滓矣！’”[③]的确，在一些人的心目中，重要的不是课文本身，而是有关教参上的分析，好比看电影只在了解说明的内容，几乎从不引导学生去理会课文言语，感知、领悟它具体独特的形式与内容，所孜孜追求的是一般化、抽象化的段落大意、中心思想，于是语文课大半成了“大意课”“中心课”，而课文言语则是获得大意、通向中心的障碍物；“皆成渣滓矣！”——如此学语文，又是学个什么？

虚与实的关系就读书之人而言虚即“虚静”，就是“虚心静虑”的意思，所谓“虚心”，即“私意净尽”，“濯去旧见”，“以书观书”，“不可先立已见”，“教他里面东西南北玲珑透彻，虚明

① （宋）黎靖德：《朱子语类》（卷十），王星贤点校，中华书局1986年版。

② 同上书，卷十一。

③ 同上。

显敞”。所谓“静虑”，就是“打叠了心下闲思杂虑”，“收拾此心，令专静纯一”，“如止水，如明镜”，以使心思从纷扰的生活之流、意识之流中摆脱出来，从而更好地进入虚的状态。由静而虚，为虚而静，关键在虚。虚的本质就是要求“无我”，反对“有我”。他说：“今学者有二种病，一是主私意，一是旧有先入之说，虽欲摆脱，亦被他自来相寻。”[①]认为“有我”就是实而不虚，“无我”才是真正的虚。但虚不是目的，《易》曰：“君子以虚受人”，虚为的是受，受圣贤之意，受天理。因此，“读者须是文王自作文王意思看，孔子自作孔子意思看，伊川自作伊川意思看”。他将孟子的“以意逆志”的“逆”训为“迎待之意”，又解释庄子的“吾与之虚而委蛇”说：“既虚了，又要随他曲折恁地去。”[②]

这里有两个问题。一是所谓“将圣贤言语体认本意”。所谓“本意”，从言语看，既是确定的客观的，又是模糊的灵活的，因为凡是言语总有意义空白和不确定性，即使起孔子于地下，他也未必能够说准《论语》某章某句的本意。原因非常简单，即他自己的思想情感也在不断地流动变化；说穿了，朱熹所说的圣贤本意，无非就是朱熹自己所体认的圣贤本意，亦即朱熹之意。如：“诗三百,一言以蔽之曰：思无邪。”本意为何？朱熹在《论语集注》里认为孔子“惟此一言足以尽盖其义，其示人之意亦深切矣”；而在《朱子语类》卷八十却又说：“只是思无邪一句好，不

① （宋）黎靖德：《朱子语类》（卷十一），王星贤点校，中华书局1986年版。
② 同上书，卷一百二十一。

是一部《诗》皆思无邪。”两者显然相互矛盾，不知何者为孔子本意，更不知用以断定是否孔子本意的标准、依据为何。不过，大体说来，他关于虚静的主张还是值得我们借鉴的。言语之意，毕竟还有确定的、具体的一面，用皮亚杰的话来说，不能只是以自我为中心离开顺应而一味同化，只有虚心，自我才有可能通过优秀的言语作品不断得以提升。

问题之二是，受必有受的主体，虚到无我的境地，岂不失却了受的主体？所以朱熹同时又提出读书必须“切己”。“切己”必先有“己”，他说：“读书须是以自家之心体验圣人之心。少间体验得熟，自家之心便是圣人之心。”[①]这从语文进行教育的角度看，就是要千方百计地引导学生以自己之心通过课文的言语去体验作者之心，久而久之，在潜移默化中，使学生的思想情感和语感素质同时得以趋向课文作者的水平。“切己”除了用心体验这一层意思之外，朱熹认为更重要的是诚心躬行，说：“凡看文字，非是要理会文字，正要理会自家性分上事”[②]；“文义乃是躬行之门路，躬行即是文义之事实”[③]，总之是要“真个去做”，不能把读书与做人“分成两边”。

虚与实看似相互矛盾，其实是统一的。他的意思是，在圣贤面前，在天理面前，必须“无我”，非虚不可，实则难以体验、领受；有我，必失之穿凿、附会、固执，所谓“心实则理虚”是

① （宋）黎靖德：《朱子语类》（卷一百二十），王星贤点校，中华书局1986年版。

② 同上书，卷一百二十一。

③ 同上。

也。但虚最终是为了实以圣贤之意，实以天理，由人心之旧我走向道心之新我，为此，又非有我之自觉不可，所谓“心虚则理实”是也。

就整体而言，朱熹的读书法具有如下特点：学重于教，专重于博，信重于疑，入重于出。“读书之法，只要落窠槽。”[①]从这一句总括性的话可以窥见朱熹读书法的宗旨，归根结底是为了铸造出与孔孟之范型相同的圣贤来。效果如何？清初颜元说他“耗竭心思气力”，“以致六十余岁，终不能入尧、舜、周、孔之道”。他在《朱子语类评》中指出：“千余年来率天下入故纸堆中，耗尽身心气力，作弱人、病人、无用人者，皆晦庵为之。”[②]这是朱熹及其理学的历史性悲剧，不过，这并不妨碍我们从他的读书法中吸取于当今语文教育有用的东西。

原载《浙江师范大学学报（社会科学版）》1997年第6期

---

①（宋）黎靖德：《朱子语类》（卷一百二十一），王星贤点校，中华书局1986年版。

②（清）颜元：《朱子语类评》，见《颜元文集》（上），河北教育出版社2009年版，第222页。

“对话型”语文教学策略

一

对话和教育似乎有着宿命般的对立，谁想去调和，谁都将冒着或者背离对话或者放弃教育的风险。伽达默尔说：“虽然我们说我们‘进行’一场谈话，但实际上越是一场真正的谈话，它就越不是按谈话者的任何一方的意愿进行。因此，真正的谈话绝不可能是那种我们意想进行的谈话。一般说来也许这样说更正确些，即我们陷入了一场谈话，甚至可以说我们被卷入了一场谈话。”[①]可见，对话就其本质来说是不可指示、不可预设的，只能由对话本身所推动，其内容、其成果都是在对话过程中生成，不受对话主体所控制和引导，对话主体只是“陷入”其中而已。但是，不可否认也必须坚持的是教育必定有目标、有指引，教育必须有教育性。“教育作为人类的活动，相对于个体的经验而言，

① ［德］伽达默尔：《真理与方法》，洪汉鼎译，上海译文出版社2004年版，第487页。

在内涵上丰富得多，它对个体总是具有塑造性和引导性，而个体总是要接受教育的引导和塑造。”[①]显然，在理论上对话与教育难以调和。这种对峙也为教学实践带来了混乱和纷争。

2001年，笔者曾撰文提出要将对话理论引进语文教学领域，到今天，它已成为人们关注的热点，许多研究者正在努力推动着这一研究向纵深发展。笔者现在想补充说明的是，“对话型”教学不是要把语文教学彻头彻尾、彻里彻外、百分之百地变成对话，而是要使语文教学具有对话性。“对话型”教学是对话理论和语文教学对话的结果。它已不是原来的对话理论的克隆，也不是传统的语文教学穿上“对话”的外衣，而是在两者的对话中产生了新质。语文教学汲取对话理论的营养，不但不会改变，反而还会加强自己的教育性。与传统的语文教学相比，“对话型”教学的对话性主要体现在以下几个方面。首先，教学应让学生在对话中学习对话，学会对话。读写听说可以是对话，也可以不是对话。“我注六经”与“六经注我”都是阅读，但都不是对话。对话性的阅读就是和文本展开平等真诚的交流，通过和文本的视野交融，共同建构新的意义，共同进入新的境界。其次，教学的内容由“训诲型”教学的教圣贤之道，由“传授型”教学的教语言知识、写作知识和阅读知识等转变成为让学生在读写听说的实践中学习对话，激发对话的热情，掌握对话的规则，养成对话的态度，等等。第三，教师的角色，由训诲者、传授者变成对话活动的参与者。他是平等者中的首席。以阅读教学为例，他不是将自

① 金生鈜:《理解与教育》，教育科学出版社1997年版，第90页。

己对文本的理解教给学生，而是教学生如何与文本对话。为了实现培养学生对话的态度和能力这一教学目的，“对话型”教学并不排斥教师的“教”，而是强调“教”的功能的转变；不是排斥训诲和传授，而是将训诲和传授转变为学生学习对话、学会对话的必要的辅助手段。因此，在“对话型”教学中教师要勇于教、善于教，否则就是严重的失职。

二

教什么，怎么教？这里尝试着提出如下四个方面的内容。

首先，我们要引导学生在读写听说的活动中树立对话的态度，要让学生明白，对话不仅仅是发言，也包括倾听，而且首先是倾听，倾听才是关键。文本是个潜藏着巨大可解释性的主体，可是读者在对它做出自己的解释之前必须向文本敞开自己，用心听听文本向他说了什么。亚里士多德告诉我们：“谁在倾听，也就随之而听到了更多的东西，即那些不可见的以及一切人们可以思考的东西。”[①]与文本对话，既不能以文本为中心，也不能以读者为中心，只有将文本搁在与自己的我—你关系中，只有真诚地与文本交往，充分尊重文本的主体性，才有真正的理解。如果学生唯书是从，以为阅读就是复制文本的意义，显然不是对话；如果学生唯我独尊，以为阅读只不过是将自己的主观意愿投射在文本中，也不是对话。由此，教师就必须进行引导、说理甚

① ［德］伽达默尔：《论倾听》，安徽师范大学学报（人文社会科学版），2001年第1期，第1—4页。

至训诫——这是教师的教学权利也是教学职责。在课堂上还有一种对话，是在学生与学生之间展开的。也以阅读教学为例，当学生将自己的阅读心得与其他同学交流时，教师应该意识到这是对话。由于很多人误解了语文课程标准提倡的尊重学生的创造性和个性，于是在许多阅读课堂上，学生经常是各说己话，互不相让。对此教师就应该教育学生，使他们知道对话不是为了维护自己的观点，而是在交流中共同前进，取得可共享的意义，从而共同提升。越是有更多的主体参与对话，主体间的空间就越大，对话的成果也越大。戴维·伯姆说："对话并不仅仅局限于两人之间，它可以在任何数量的人之中进行。甚至就一个人来说，只要他抱持对话的思维与精髓，也可以与自己进行对话。这样来理解对话，就意味着对话仿佛是一种流淌于人们之间的意义溪流，它使所有对话者都能参与和分享这一意义之溪，并因此能够在群体中萌生新的理解和共识。"①人与人之间的这种"新的理解和共识"的"萌生"，其前提同样也是倾听，同样也需各方敞开自己。为了树立对话的态度，在教学中可以有引导，也可以有教训。该鼓励则鼓励，该批评则批评，教学中有微笑，也有严肃。可是很多时候教师不仅没及时做这样的引导，甚至还得意于学生缤纷的"创造性阅读"成果和他们维护各自成果的努力，于是阅读教学培养了一群焦躁的阅读者，他们急于言说，却懒于倾听。可以断言，如果教师不首先让学生明白倾听的重要性，那么在教学中很

① ［英］戴维·伯姆：《论对话》，［英］李·尼科编，王松涛译，教育科学出版社2004年版，第6页。

容易培养学生的反对话态度。就某个问题发表不同意见，不是为了争个输赢高低，而是为了共同进步。

其次，基本的对话规则是对话得以进行的不可或缺的条件。对话是自由的，但不是任性的，恰恰是在对规则的遵循中自由才有可能。规则之于自由便如河床之于水流，是成就而非阻碍。可以说，只有合规则的才是自由的，从而才是对话的。例如，你不能将虚构的作品当写实的来读。听说有人从武松打虎中读出动物保护问题，并以此诟病《水浒传》；也有人读寓言时却较起真来，说当鹬的嘴巴被蚌咬住时怎么还能讲话。此类读法显然没有尊重文本的文体性质。又如，文本产生的时代要受到关注。每个文本都是历史性的，当我们以现时的视点阅读它时，不能无视那个时代的相关特征从而做一厢情愿的解读。不是有人从《背影》里读出父亲违反交通规则吗？显然他没想到交通规则是有时代和地域背景的。再如，要尊重文本的整体性。因为“作为阅读者，在理解中总是已经面对言说之整体”[①]。文本的整体性来自它结构的有机性，你不能抽取某个要素孤立地来说事。当然阅读规则还有很多，构建系统而具体的规则不是本文的重点，也不是这样的小文力所能及的，此处仅为举例而已。“对话型”阅读教学主要应该指读者与文本的对话以及读者之间（包括教师）就文本解读展开的对话。这种对话的实现以及学生在对话中学习对话的成效很大程度上取决于对规则的掌握和运用情况。因此在教学活动中教师

---

① ［德］伽达默尔：《论倾听》，安徽师范大学学报（人文社会科学版），2001年第1期，第1—4页。

可以讲授一些解读学知识。无可否认，对文本的理解，尤其是对文学作品的理解，在现代解释学上来讲更多的是个人体验，在体验中建构意义。但作为一个不成熟的读者，在学习阶段，一定的解读知识的掌握会有助于与文本展开更深层次的对话。因为一个新的概念、一套新的话语系统将会为我们打开一个新的视野。以什么样的语言来说话意味着以什么样的语言来倾听，也规划着相应的方式来思维。无疑，学习一些解读学知识将有助于提高在对话中学习对话的效率。在“对话型”教学中，教师的角色是双重的，他既是一个读者、一个对话者，他更是一个教育者、引导者甚至管理者，是规则的传授者和守护者。从这个意义上讲，他就不一定是对话者，他的教育行为就不是对话的。同时也只有在这个时候、在这个意义上，他才可以去引导和传授。

其三，有效对话也离不开知识的支持。现代哲学解释学认为，所有的理解都是在前理解的基础上展开的。那么前理解的品质自然会影响理解的品质。虽然我们不能说知识的丰吝必然决定体验的深浅，但我们至少可以说两者是相关的。比如，我们读鲁迅《一觉》中的一段：

> 漂渺的名园中，奇花盛开着，红颜的静女正超然无事地逍遥，鹤唳一声，白云郁然而起……。这自然使人神往的罢，然而我总记得我活在人间。

如果我们依然记得《诗经·静女》中的“静女其姝，俟我于城隅”，那么对于理解和体验鲁迅的话是会有帮助的。《诗经》的记忆对于《一觉》的理解来说，就是前理解中的知识构成。如果我们进而得知，其实在文本的世界里，这样的互文关系是普遍存在的，那么显然我们眼前会豁然打开一片理解的视域，在眼前的文本与历史上的文本、与同时代的其他文本的联系中，理解将更加深邃。再比如，读海子的《面朝大海　春暖花开》。如果我们知道了海子在写完这首诗不久就卧轨自杀了，而且年纪轻轻，那么对于诗歌中反复出现的“明天”一词所蕴含的悲苦将会有更深切的体会。对海子的人生经历的了解就是理解《面朝大海　春暖花开》的前理解。构成前理解的知识并不是教学的目的，但它们是理解文本的必要的辅助手段。学生如果缺乏这些知识，就会妨碍与文本的对话，此时教师就应该加以补充。比如，“停车坐爱枫林晚，霜叶红于二月花”中的“坐”字，与现在使用中的意义差距很大，有关知识就必须加以补充。补充的方式可以是传授讲解，也可以是要求学生自己查阅相关资料，怎么有效率就怎么做。比如，有人在教《论语》时，想先让学生了解孔子。他问学生是否知道孔子是哪里人，学生说不知道，教师就让学生在小组内讨论。我觉得教师还不如直接告诉学生孔子是山东人就是了。“对话型”教学，并不是不教知识，只是不将知识的教授当作终极目的，而主要是将之看成促进学生与文本对话的手段。

最后，教师要有意识地与学生共享阅读成果。这里有两层意思。一是教师要勇于与学生共建意义。为什么这里要用“勇于”一词？是因为笔者发现在当前一些所谓的对话型阅读课堂上，教师似乎越来越不敢说出自己的阅读心得，似乎一发表意见就违背了对话原则。于是满堂课都是学生自己在说，反复地说，交替着说，也不见对文本的阅读有什么推进。其实，一般来讲，相对于学生，教师是较为成熟的阅读者，他的视野、他的前理解一般要大于学生的。在与教师的对话中，学生将获得更大的促进。因为对话能力只能在对话的实践中培养。学生是与一个成熟的阅读者对话，还是与一个同样幼稚的阅读者对话，当然会影响他的实践效果。所以教师有能力、有义务与学生就文本展开对话。另一层意思是，教师与学生不是简单地交流各自的阅读结果，而是共享自己与文本的对话过程。一方面，理解就是一个过程，过程本身具有教学的本体价值，课程标准就将“过程”作为语文阅读教学的主要内容；另一方面，过程展示也有很高的方法论意义，是教师作为相对成熟者在与作为相对稚嫩者的学生的对话中，培养学生文本解读能力的好方法。面对文本，师生是平等的，但这并不意味着他们的理解能力是相等的，并不意味着他们与文本对话的过程是同等品质的。对于“对话型”阅读教学来讲，对话过程的价值要大于对话的结果。有学者分析《再别康桥》前两句时写道：“可谓情韵俱现地传达出诗人的袅袅情思，与感伤沉默的哀伤情态。”①这是他作为读者与文本对话的结果。对于学生来说，告知结果虽然不能说毫无意义，但正如有些批评所言，让学生分享情韵是“如何‘俱现’的”那些不可见的以及一切人们可以思考的东西，无疑具有高得多的教学价值。笔者以为“对话型”教学并不一概排斥教师做这样的启发性的分析。

① 孙绍振：《再谈“还原”分析方法——以〈再别康桥〉为例》，《名作欣赏》2004年第8期，第4—10页。

现在我们再重申前文的观点。(一)“对话型”教学必须坚持对话，学生和文本间的对话实践是培养对话态度和能力的基本途径。对话，是两个平等主体间的真诚交流，要强调的是“主体间”而不是其中的任何一方。任何突出一方的做法都是反对话的。其实强调学生与文本的对话关系，不仅仅是出于阅读技能培养的考虑，作为教育活动，还是完善人格的需要。因为人，“只有通过与‘你’的关系，‘我’才实存”[①]。(二)对话的态度和能力是需要教的。教师的职责和教学的任务就是教学生学会如何对话。因此同样也是作为教育性活动，教授和引导是必然存在的。但是这种“教”和“导”的目的和内容与以前的教学有了本质性的变化。对话教学中的“教”和“导”不是为了替代学生与文本的自主交往，而是促成这种交往。因此，“对话型”教学并不是淡化教师的作用，而是对教师提出了更高的要求。他必须把学生的读写听说活动提升为对话实践，并置身其中，教学生学会对话。

原载《课程·教材·教法》2005年第12期

① [德]马丁·布伯:《人与人》，张见、韦海英译，[美]史雅堂校订，作家出版社1992年版，第277页。

阅读：发现文本，发现自我

马克思说："艺术对象创造出懂得艺术和能够欣赏美的大众"[①]，语文教学主要就是以课文言语这一对象去创造学生丰富、深刻、优美、灵敏的语感。为此，必须努力促进学生作为主体与课文言语作为客体之间的相互转化、相互渗透。在这一过程中，又必须侧重于以课文言语形式对学生语感图式的修正、丰富。

学生作为感知、理解、学习课文言语的主体，总是始于给出预成的语感图式进行同化，而且同化往往大于顺应，甚至离开顺应，总在自我中心的范围内观望徘徊。我曾在中学做过这样的试验——要求学生在较短时间里当堂熟读默记《风景谈》第一自然段"可是更妙的是三五月明之夜"至段末这一部分，然后让他们重写出来。原文是：

> 可是更妙的是三五月明之夜，天是那样的蓝，几乎透明似的，月亮离山顶，似乎不过几尺，远看山顶的谷子丛密

① 王尚文：《语文教育学导论》，湖北教育出版社1994年版，第262页。

挺立，宛如人头上的怒发，这时候忽然从山脊上长出两支牛角来，随即牛的全身也出现，掮着犁的人形也出现，并不多，只有三两个，也许还跟着个小孩，他们姗姗而下，在蓝的天，黑的山，银色的月光的背景上，成就了一幅剪影，如果给田园诗人见了，必将赞叹为绝妙的题材。可是没有完。这几位晚归的种地人，还把他们那粗朴的短歌，用愉快的旋律，从山顶上飘下来，直到他们没入了山坳，依旧只有蓝天明月黑魆魆的山，歌声可是缭绕不散。

一位同学默写的文字是：

可是更妙的是三、五月明之夜（一），天是那样的蓝，几乎透明似的，月亮离山顶不高，只有二三尺（二），远看修第山顶上的谷子丛密挺立，就如人的头顶上的黑发（三）。忽然从山背上长出两只牛角来（四），随着牛的全身也出现（五），掮着犁的农民们也出现（六），并不多，三两个（七），或许还带着小孩（八）。在蓝的天，黑的山，银白色的月光下（九），成就了一幅剪影。如果让田园诗人见了，又要赞叹为一个绝妙的题材（十）。这还不算（十一），这些晚归的种田人唱起了他们粗朴的短歌（十二），用愉快的旋律，从山顶上飘下来，直到他们进入了山坳（十三），又是蓝天明月黑魆魆的山，可是歌声却缭绕不绝（十四）。

应该说这位同学是相当认真的，他在自觉地努力“顺应”原文；但仍有不少差距，因为他在这短短的时间里无法全面修正他的语感图式，它们总是要顽固地寻找一切机会执拗地表现自己。默写的文字是他的语感图式对课文言语操作的结果，而自觉的“顺应”的态度也撇不过预成的初始图式。（一）原文“三五”是指农历的每月十五日，“三五”是“三乘以五”而非“三加上五”或“三和五”，正如“年方二八”是“年方十六”的另一种说法，“二八”是“二乘以八”并非“二加上八”或“二和八”。但这位学生却缺乏与之相应的语言图式，把“三五”误会成为“三和五”，因而在“三”和“五”之间加一顿号，“三、五”当指初三，初五，或则还可以加上“十三、十五”，“二十三、二十五”，但是初三、初五和二十三、二十五月都不明。（二）“只有二三尺”太落实了，似乎月亮离山顶确实“只有二三尺”，其实这只是人的视觉印象，并非科学论断，原文用“似乎”就暗示出了这一点；“几尺”也模糊得恰到好处，由于下句紧接着说明“似乎只有几尺”，上句“不高”就显得多余累赘了，原文简洁而空灵。（三）原文“宛如”富于书卷味，与原文的情调一致，“就如”比较口语化、通俗化。“人的头顶上的黑发”连用两个“的”字，不如原文用“人头上”省一“的”字顺畅而不影响意思的表达；至于“顶”字加上也好，因为如两鬓等处的头发不像“挺立”的谷子。“黑发”未必挺立，当然用“怒发”恰切，我们自古就有“怒发冲冠”的成语。再说用“发”为喻，意在其“怒”——挺立的样子，而不在其“黑”，谷子并不黑。（四）“忽然”太“忽然”了。原文在前面加“这时候”方与上文接得顺畅、自然；“山背”是面，“山脊”是线，牛角只有从“山脊”长出来才显得鲜明、突出，“支”作为量词一般指有长度的东西。“只”却不一定；“支”才有“长”的可能，才与“长”相呼应。（五）“随即”比“随着”更突出前后两个画面的出现在时间上是紧接的，因为牛角长在牛身上，牛的全身必定紧接着牛角的出现而“随即”出现，用“随着”连接就比较松懈。（六）“人形”是视觉看到的对象，与牛角、牛的全身等相呼应，“农民”则是一个社会性概念，用在此处有不伦不类之嫌，用“们”虽无不可，但多少突出了人数之多，其实“并不多，只有三两个”；当然人形之后也不能跟个“们”字。（七）“三两个”之前加“只有”，一则为了突出“并不多”，另则也与“并不多”在语气上更加连贯。（八）用“或许”也好，只是“带”不如“跟”，“跟”着眼于一前一后的空间位置，从“看”的角度考虑，“带”就比较抽象，再说用“跟”，小孩更显得活泼，更使画面富于生活的情趣。（九）“在……下”中间的三个短语，在“蓝的天”下，在“银色的月光”下可通，在“黑的山”下就不符合所写的实际情况，学生用“下”或许只考虑到与之紧连的“银色的月光”，而没有照顾到稍前一点的“黑的山”；而且，原文是把蓝天、黑山、银色的月光作为“背景”的，目的是为了突出人，突出“弥漫着生命力”的人，自然始终不过是“背景”而已，原文作者认为“自然是伟大的，然而人类更伟大”，但这位学生却缺乏这样的认知，才写成“在蓝的天，黑的山，银色的月光下”。（十）值得“赞叹”的是题材的“绝妙”，与一个两个关系不大，用上“一个”反而冲淡了“绝妙”；所以原文不用，至于“又要”的“又”来得突兀，因为上文没有铺垫，还是用“必将”既与上文接得自然，同时更显得画面的“绝妙”。（十一）“这还不算”，算什么呢？用在此处显得不通不顺，再说“这还不算”，下文往往是说更坏的坏事，至少也可指更坏的坏事，用在这里牛头不对马嘴。前面的画面已经“绝妙”，“可是没有完”——原来还有柳暗花明的所在呢，好比乐曲在一个休止符之后，还有一段美妙动听的旋律。而且“可是没有完”，字里行间洋溢着对伟大的自然、对更伟大的人类的赞叹之情。“这还不算”，却似乎在数落着什么一样，好比乐曲中突然出现了一个不谐和的噪音，让人感到不舒服。（十二）“唱起了”云云，似乎他们是到了现在才“唱起来”，其实他们很可能是一路都在唱着。原文用“几位”与上文“并不多，只有三两个”呼应，“这些”太多了。（十三）“没入”比“进入”形象，而且“没入”的色彩比较柔和，“进入”却比较生硬。（十四）“可是”既可用如“但是”，也可用如“却是”。原文用后一义，但这位学生也许只知第一义，就把“歌声可是缭绕不散”写成“可是歌声却缭绕不绝”，不如原文简洁。“缭绕不散”与“缭绕不绝”相比，前者着重形容在某一空间中不断地响着，后者着重形容在某一时间里不停地响着，意义虽相通相近，但作者写的是一个“画面”，还是用前者为宜。

从上面这个例子，首先我们可以看出，课文言语形式的教学是大有用武之地、大有文章可做的。为了创造学生的语感，语文教学确实应该把聚焦对准课文的言语形式。教师要扎扎实实一点一点地教，学生要认认真真一点一点地学，教和学都不能要花枪，摆花架子，必须讲究实效实绩。这样一点一滴地日积月累，坚持三年五年，高品位的语感是可以创造出来的。其次，语感的创造在一般情况下是潜移默化的，不能期望立竿见影，毕其功于一役。课文的言语形式内化而为学生的语感图式，要锲而不舍地循环往复，因为学生预成的初始图式已经根深蒂固，修正绝非一朝一夕所能奏效。即使在听读活动中修正过来了，还会在说写活动中故态复萌，由听读型语感图式进一步深化而说写型语感图式，更需做长期的艰苦的努力。再次，上例显然大部分是语言图式的问题，但语言图式并不是孤立存在的，是和观念图式、情感图式相关相连的，言语形式问题往往就是怎么看、怎么想的问题。如"在蓝的天，黑的山，银色的月光下"与"在蓝的天，黑的山，银色的月光的背景上"相比，虽然只有数字之差，但却是两种不同的感知方式的表现。语言图式的修正往往就是观念图式、情感图式的修正，往往就是感知方式、思维方式的修正，语感的创造实际上就是心理结构的拓展、充实、提高，就是人的创造。

从上面的例子，我们更可看出，学生的语感图式操作课文言语的主要问题是学生执着于预成的初始图式，以致同化大于顺应，甚至离开顺应，于是经常出现下列以自我为中心的同化现象。

浅表同化。"三五月明之夜"就是"三、五月明之夜"，只看字面，浅尝辄止，生吞活剥。这是极为常见的现象。上海一位语文教师在教《守财奴》时，问学生：格朗台称赞女儿为什么说"你真是我的女儿"，而不说"你真是我的好女儿"，实在太好了。他早就估计到学生对这类句子往往容易发生浅表同化的毛病，似乎懂了，实则尚未入门。经过启发、引导，学生终于明白了格朗台并非一般地称赞女儿的“好”，而在赏识女儿像“我”，像“我”一样为了金钱什么都可以拿去交易。格朗台只会说“你真是我的女儿”，而不会说“你真是我的好女儿”。

这位教师通过这样一问，让学生真正深入到了格朗台的内心世界，窥见了它的丑恶，一石双鸟，同时收到语言教育和思想教育的良好效果。“洋铁饭碗，要二三只/如不能见面/望转交赵少雄”——这是鲁迅先生在《为了忘却的记念》一文中所录柔石在囚系中写给同乡的一封信背面所写的文字。不少学生只从字面理解，其实不少像这一类的话，不但言有所述，而且言有所为，尽管所述并无什么深意，但在鲁迅的笔下，却成了他对柔石怀念悼惜之情的物质载体。许多文字，不能只看语句上的意义，更要去体味语句下作者的思想感情。

疏陋同化。浅表同化虽未由表及里，但总算把这个语符序列的各个部分以及它们之间的关系都看到了，并未落下什么，疏陋同化则是丢三落四，毛病比浅表同化又深了一步。《中国人失掉自信力了吗？》第一段是：

> 从公开的文字上看起来：两年以前，我们总自夸着“地大物博”，是事实；不久就不再自夸了，只希望着国联，也是事实；现在是既不夸自己，也不信国联，改为一味求神拜佛，怀古伤今了——却也是事实。

不少学生对最后一个句子的那个“却”字往往视而不见，甚至有的教师也是熟视无睹，“难得糊涂”。其实这个“却”字蕴蓄着作者极为强烈的愤慨之情：前面两个事实，尽管不能据此而得出“中国人失掉自信力了”的结论，毕竟尚可理解，正如下文所说，信“地”信“物”还是切实的东西；“国联”虽渺茫，寄予一点希望也还多少有点道理，而“一味求神拜佛，怀古伤今”可就荒谬绝伦了，然而遗憾得很，这是事实。鲁迅先生的语气显然是：这虽然荒谬绝伦，简直令人难以置信，“却也是事实”。一个看似毫不起眼的“却”字到了鲁迅先生的手里就是一把锋利的匕首，一支尖锐的投枪，把握这个“却”字，就可真切地感受到鲁迅先生思想感情的脉搏，可谓一字千金，一字千钧，把它给落下了，可谓疏陋之至，对不起作者的。柳宗元的《段太尉逸事状》中有“吾戴吾头来矣！”一句，《新唐书》转录时删后一“吾”字。林纾以为删得无理，因为后一吾字“一则哂全军之不武，一则示一身之有胆”，颇有分量的。《新唐书》的作者这是犯了疏陋同化的毛病。疏陋同化总是在门缝里看门内之人之物，想当然地以为门内的一切都已了如指掌，这没有不出差错的。言语的门就言语形式，必须“破门而入”。

片面同化。这就是往往只重言语对象的认识内容，而忽视它的情感内容；往往只重它的言内之意，而忽视它的弦外之音。试比较《最后一课》结尾处如下两种不同的译文：

“法兰西万岁！”

他仍然留在那里头，头倚着墙，不说话，用手向我们表示：“课上完了……去吧！”

“法兰西万岁！”

然后他呆在那儿，头靠着墙壁，话也不说，只向我们做了一个手势："放学了，你们走吧。"

你绝不能说前者的翻译是不忠实的，就语言的指称意义看，两段文章确实没有什么不同，"不说话"不也就是"话也不说"吗？但两者的滋味、格调、风韵、情景却迥然不同。"他仍然留在那里头"，为什么"留"着？"留"着要干什么？"留"着的人心境如何？可以从完全不同的角度去理解，也许他是非常高兴地"留"在那儿等待一个让人高兴的消息；但"呆"在那儿就不同了，一定发生了震惊他心灵的大事，而且多半是坏事。"不说话"与"话也不说"，就"说什么"而言，两者并无不同，但"话也不说"却别富一种痛苦、无奈的情味，在喊出了那句凝聚着他全部爱国热情的口号以后，他确实不想、不愿，也不能再说什么了，于是"只"向我们做了一个手势。但不少学生在开始时都感觉不出它们的高下，甚至还认为前一段译文更为简洁呢。语文教学就是使学生的语感由"片面"走向"全面"，这样学生也就有可能由"片面的人"成长为"全面的人"。

孤立同化。一篇文章是一个有机整体，组成这个有机整体的各个部分之间存在价值制约的关系。作为一个有机整体的某一个部分具有完全不同于它独立于这一有机整体之外的价值，尽管这一部分本身秋毫无损。古人说："盖曰意、曰辞、曰气、曰法之数者，非判然自为一事，常乘乎其机，而混同以凝于一。”[①]这个“一”就是这个有机整体的生命、灵魂，由它给组成这一整体的各个部分贯注生气，赋予价值，因而绝对不能把某个部分从那个整体中孤立出来，而必须立足于整体的大“一”来看待部分的小“一”。“过春风十里，尽荠麦青青”，难道不正是描写了一派生气勃勃、春意盎然的美好景象吗？所表现的难道不是欢快乐观的情绪吗？但是我们知道它在姜白石的《扬州慢·淮左名都》中是一幅催人泪下的画面。我们往往会犯“孤立同化”的毛病。《归园田居》第一首末句：“久在樊笼里，复得返自然。”课本注云：“长久关在樊笼里，如今又回到大自然中来了。……返自然，指归耕田园。”北京大学中国文学史教研室选注的《魏晋南北朝文学史参考资料》也认为“这两句说重归田园，如同长久被关在笼中的鸟兽重返大自然一般[②]”。其实从整首诗看，“自然”既指客观的自然之境，更指诗人的主观之性，与首句的所说“适俗”之韵是相互对待而又相互呼应的。又如《祝福》中祥林嫂“真的，我真傻……”这段独白，不少学生由于孤立同化而觉得好笑，如果联系《祝福》全文、祥林嫂全人一看，就可发现一个母亲灵魂的深沉的痛苦和无奈的挣扎。

错失同化。言语对象说的是东，听读者却理解为西，所给出的语感图式与言语对象完全对不上号。妹妹因失恋而“茶饭不思”，问姐姐怎么办？姐姐说：“茶饭不思，那就吃面条

---

① 周振甫：《文章例话》，中国青年出版社1983年版，第68页。

② 北京大学中国文学史教研室选注：《魏晋南北朝文学史参考资料》(下册)，中华书局1962年版，第397页。

好了。”

这是明知故犯，是一种幽默。《三国演义》写诸葛亮将曹植《铜雀台赋》的“二桥”曲解为“二乔”，也是有意为之的策略。真正的错失同化是不以为错失而错失，如夏瑜所说的“可怜，可怜”，驼背五少爷、花白胡子他们认为是夏瑜说自己被打的“可怜”；“三五月明之夜”明明是说旧历每月十五日晚上，却理解为初三、初五的晚上；明明是“共商国是”，却理解为“共商国事”；明明是说“科学批判宗教的愚昧哲学的虚妄”却理解为“科学批判宗教的愚昧和哲学的虚妄”，等等。这样，对象化就对到隔壁甚至更远的地方去了。这种现象在学生初读课文时并不鲜见，只是有的教师没有发现罢了。教学要从实际出发，他们则是从“想当然”出发。不过也有的是教师自己错失了，于是认为学生的错失并不错失，甚至以学生的不错失为错失，前者是教法问题，后者是教师的水平问题。错失并非全是坏事，发现后改正过来就是进步。

心理学往往把能够被觉察出的最小差别称为“差别感觉阈限”，把感受最小差别量（即最小变化量）的能力称为“差别感受性”。语感其实也就是这样一种感受性。通过咬文嚼字找到两个具有“差别感觉阈限”的言语对象，通过对比来培养“差别感受性”，可以说是促成课文言语形成转化为学生语感的最好的办法之一。叶绍翁《游园不值》中“一枝红杏出墙来”与陆游《马上作》中“一枝红杏出墙头”，虽只一字之差，却有高下之分，通过一番咬和嚼，感受它们之间的优和劣，语感的素质、品位必然能够大大提高一步。

多读多写的确是语文教学颠扑不破的金科玉律。多既是指所读所写的面要广一些，也指读、写实践活动的频率要高一些。我们所要进一步指出的是，多读多写必须明确修正、丰富学生的语感图式，使学生的语感逐步深化、广化、美化、敏化这一宗旨；否则，就有可能陷入盲目性而事倍功半，甚至劳而无功。记得笔者在中师读书时，一位心理学教师在课堂上突然提问："从一楼到二楼的楼梯一共有几级？"大家竟瞠目而视，不知所对。这楼梯我们不知走过多少回了，由于没有注意，对于一共有几级这一问题来说，以前的实践全是无效劳动，因为是盲目的；目的一经明确，一回也就够了。为此，应当在语文教学中提倡"咬文嚼字"，因为咬文嚼字才能伸向言语形式的每个角落，从而全面、深入地予以把握。托尔斯泰的《战争与和平》中有一个极为典型生动的例子——娜塔莎见到阿纳托尔而心动之后，回来心情很不平静，反复审视自己的所作所为，觉得什么也没有发生，安德烈"还"可以爱我。紧接着，她又拷问自己道："但是为什么'还'呢？"[①]

由此她深入到自己灵魂的深处，意识到她对安德烈爱情的纯洁性已经消失了。上海一位语文教师教《守财奴》时问学生：格朗台称赞女儿说："你真是我的女儿！"他为什么不说"你真是我的好女儿"呢？既培养了学生的语感，同时又收到了思想品德教育的效果，因为他们更深刻地感受到了守财奴灵魂的

① ［俄］列夫·托尔斯泰：《战争与和平》，董秋斯译，人民文学出版社1958年版，第950页。

丑恶。

咬文嚼字应当是语文教师的基本功，也应当是语文教学参考书的主要内容。遗憾的是现在的教学参考书关于这方面的内容实在是太少了。

原载《语文教育学导论》（王尚文著），
湖北教育出版社1994年版，第三章第4节。题目系新加

作文：日记的延伸

国庆长假期间，我曾几次应邀参加我在金华一中任教时学生的聚会，他们不约而同地谈起当年我让他们写日记的往事：每上语文课，大家都自觉地把前一天写的日记翻开摆在课桌的角上，让我检查，我一路从这边走过去又从那边走回来，随机抽几位同学的日记看看日期，笑着说一句“很好”，就算查过了，前后大概用不了3分钟时间。开学时我们就曾“约法三章”：他们每天都记，我只查你写过没有，绝不看日记内容；每过几个礼拜，每人选抄出愿意公开的篇什经我略做点评后，由语文课代表负责出一期墙报，以相互观摩。有时我还会在课堂上就学生的日记谈谈我的读后感，随意发挥，当然主要是表扬，偶尔也会就问题、缺陷幽默几句，于是哄堂大笑，其乐也融融。经过一段时间的苦苦坚持，他们慢慢尝到了甜头，我的常规检查也变成偶尔抽查，最后连抽查也免了。让我感到无限欣慰的是，每天写日记的习惯，他们中有人居然一直坚持了下来，觉得受益匪浅，日记成了离不开、少不了的莫逆之交。

我想，在所有书面语言作品中，没有比日记更随意自由的了：你想写什么就写什么，你不想写什么就不写什么；以之代哭，可以；以之做梦，也可以；就是拿它撒气，它也会乖乖忍着，绝不与你赌气。万一你连可撒之气也没有，那就干脆如实写上一句“我今天没有什么可写的”，只是别忘了打上句号。你想怎么写就怎么写，心血来潮时想来几句诗歌就来几句诗歌，管它像不像样；要不，就是把人家拌嘴时的对白原汁原味地记下来，又何尝不可。你想写得长一点就长一点，短一点就短一点，短到一句话，哪怕只有一个字的独词句也行。你想给别人看就给别人看，你想保密就保密。你想保存起来就保存起来，你想写过就撕掉那就撕掉——不过，我还是劝你别撕为好，过些日子它可能会还给你颇有意思的回忆和别样滋味的感受。记得鲁迅曾经受到银行可以开设支行的启发，除了原来的日记，还写过“支日记”，不过那是为了发表，写给别人看的，似乎已经被异化，实质上已经变得不是日记了。真正的日记，并不讲究动机、立意、主题、结构、文采等，也不必追求什么高品位、主旋律，更不必顾虑写作的效果、读者的反应——除了你自己，它没有别的读者。好比随意独酌，有如“闲庭信步”。自由自在，自然而然，可以说是日记之为日记的精魂所在。但既是日记，就得日日写、天天记；不过你要放下，它也无可奈何；日后你若想起来再继续写，它也不会埋怨你朝三暮四，嫌弃你用情不专。它可是始终对你忠贞不贰，不离不弃，百依百顺。而一旦养成习惯，上“瘾”了，你要不写不记，还真连一天也难以办到。

我的初衷只是通过自由随意的日记写作，消除学生对用笔表达的畏惧感，进而有助于提高他们的写作能力，如此而已。现在看来，当年真是小看了日记的功能。按张中行的看法，所谓学语文就是学习用笔表情达意。日记所表达的，虽常有零碎、片段、随意的缺陷，但态度一般总是真诚的，用不着矫情做作；内容也是真实的，而非虚情假意。起码在这两方面，日记确实远胜过要上交老师批阅的正式作文。而且里面什么都有：记叙、描写、说明、抒情、议论；人生、家庭、社会、自然、宇宙，几乎都可以从中找到它的雏形，或者说种子。假若一旦养成了记日记的习惯，它和学生的成长就会自然而然地形成一种相互促进、共同进步的良性互动关系。这是因为，在日记里与自我对话，几乎是必然的走向；用笔真诚、真实地表达也会慢慢成为他的心理定式；而在长期真诚、真实表达的过程中，他的语言表达水平也会自然而然地得到提高，语文、人文就水乳交融地都在其中了。我坚信，自由、真诚的表达比基于迎合的虚情假意、矫揉造作的表达绝对更有利于学生表达的进步与发展，对学生来说，说心里话一定比说谎话更为喜欢、更为轻松，至于说谎话对他们的成长的负面作用更是众所周知、毋庸多说的了。我同样坚信，自由、真诚、激情一定能使学生的表达变得顺畅、生动，甚至富有创意。学生的心灵世界其实可以比为等待喷发的火山，他们确实有话要说、有情要抒，只要教师善于发现和点燃，必将呈现星火燎原的美好景象。

2009年10月30日的《报刊文摘》有一篇文章的题目赫然写着："撒谎从作文开始！"正式作文有时几乎是逼着学生撒谎，该文说："谎言越美，越受到老师的表扬。"这个毛病可以说由来已久，现在只是愈演愈烈罢了。怎么办？写日记！绝对不能让学生养成下笔前就琢磨着如何迎合对方、一下笔就撒谎的习惯。此其一。其二，现在不少学生患有种种或轻或重的心理疾病，让他们在日记里自由地宣泄自己的感情，慢慢地学会和自己对话，于他们的健康成长大有裨益。当然，学生写日记的习惯有待教师的引导、培养。

为了救治"撒谎从作文开始"的顽症，我以为不妨尝试一下"作文从日记开始，让作文成为日记的延伸"。可是，问题来了：原来"日记"已被"作文"收编，纳入"作文"的轨道，成为"作文"的一种形式被教学、被训练了。上引《报刊文摘》文章所举之例就是作者读小学的儿子写所谓"日记"的遭遇。再上网一查，看到不少介绍"日记"教学经验的论文，发现日记被作文收编的现象相当普遍。有老师肯定："日记写作是作文教学的一个有机组成部分，具有不可忽视的'载道'作用，是我们进行语文素质教育的一种有效形式。"[①]也有文章说，学生"在写日记的时候，也应该像写作文一样，注意中心突出，语句通顺，用词恰当优美"，甚至认为"日记限于篇幅，更要求抓住重点叙写，需要讲究立意、选材、布局和用词，这些也正是学生写记叙文时要学的基本内容"。还有教师要求"在一个有限的周期（如半个月、一个月，或一个星期，或半年）内，对写日记的内容进行有序的规划，然后把日记当成片段作文来写。如——人、自然、人文、科学素养、思想、存在、文化、博物模式、才智、生灵、社

① 周萍：《浅析当代初中生日记写作现状》，《读与写杂志》，2011年第8卷第5期，第123页。

会、数理模式、精神、物质、艺术、科技、文化、人生、环境、历史、博物观念、事业、生物、文艺、化学世界……”这简直比作文还“作文”了。于是，“很多学生为了应付任务而草草了事，不会观察生活，不会表达自己的真情实感。甚至出现了说假话、表虚情的现象，时间久了，习惯成自然，必然影响学生的健康成长”[①]。这样一来，引导学生写原生态日记以消除用笔表达的畏惧感，习惯表达真诚真实的目的，达不到了。日记本来由于并不刻意讲究思想内容、谋篇布局等而显得特别自由随意的优势几乎丧失殆尽，而正式作文易有的弊病却反而凸显了出来，正如上引“敏思博客”文章所罗列的“缺乏丰富多彩的生活、书面表达困难、内容单调、形式单一、感情虚假造作”等问题暴露无遗。这使我联想起一个成语：“抱薪救火”，致使本无失火之虞的房子也给烧了。

我当年虽也意识到要尊重学生的个人隐私，但我关注的主要是让学生在日记中不受作文诸多清规戒律的限制，放开来写，真正达到“我手写我心”的目的。有的教师非常尊重学生的隐私的问题，提出“日记，可以分为：素材积累、练笔和我的秘密两部分。我的秘密是任何人都不能够看的。另外用一个本子用于素材积累和练笔，老师可以看，可以针对性地点评指导，可以进行展览”。即把它分为“真日记”和“准作文”两个部分，尊重学生“真日记”里的隐私，让“准作文”加入“真作文”的队伍。我

① 江潇潇：《关于日记教学促进作文教学的探索》，《学校管理》2008年第3期。

以为，学生“另外用一个本子”写的，在尊重他们隐私的前提下，教师还是应当有所作为的，这就是：想方设法养成学生天天写的习惯，特别是千方百计地帮他们解决“无米下锅”的问题，同时引导他们在日记中自我对话。事实上，只有尊重他们的隐私，学生才能真正进入“自由随意”的状态，实现日记的语文、人文功能。否则，一切无从谈起。作文收编日记，愿望绝对是好的，效果则绝对是差的。急功近利，反而无功无利。我非常赞赏陈鹤琴的这一主张：“凡是儿童自己能想的，应让儿童自己想”，“凡是儿童自己能做的，应让儿童自己做”[①]。教师只是“平等者中的首席”（多尔）。我们要尊重学生，信任学生，珍惜从而点燃学生的潜能。我们不该也不能管得太多太死。教师多一点宽容，学生多一点宽松，这有利于营造一个良好的作文环境。

作文当然不同于日记，应该讲究动机、立意、主题、结构、文采等，必须考虑写作的效果、读者的反应，教师应当进行认真负责的指导、点拨、批改、讲评等，日记不应当也不可能取代作文。但是，作文收编日记也绝不可取。真诚、真实地写作，“我手写我心”，当为日记、作文之所同；就此而言，作文又远不如日记，而这却是用笔表达的根本。因此，我觉得，可以尝试作文由日记开始，让作文在真诚、真实地写作，以“我手写我心”这一点上成为日记的延伸。

我曾在《新语文写作》（广西教育出版社2003年版）一书的

---

① 北京市教育科学研究所编：《陈鹤琴教育文集》（下卷），北京出版社1985年版，第653页。

"出版前言"中指出，可以把中小学的写作分为如下三个阶段：小学是儿童趣味写作：玩文字，玩词语，玩写作，让同学们在写作中享受游戏的快乐，希望大家都能由此而喜欢写作，初步养成正确的写作意向和良好的写作习惯。初中阶段是少年率性写作：依循成长中的少年归属和爱的需要、认识和理解的欲望，让同学们在写作中表现自我，探究生活。高中阶段是公民自由写作：通过小学和初中的写作实践，高中生对写作中的"必然"应当已经有所感悟，可以进入"自由"状态。因此，高中要突出作为一个公民的社会责任感。通过写作完善自我，参与生活，履行责任，这既是高中生的权利，也是义务。不管是游戏写作、率性写作还是自由写作，都是以真诚、真实为根子，以自由、自然为土壤的，作文和日记都是由此开出的花朵。我们不妨把作文看成是日记的延伸、提升，从日记开始作文，使写作永远走在由立言而立人的光明大道上。

原载《语文学习》2010年第2期